Gisela Mello
Pós-graduada em Psicopedagogia
Pós-graduada em Transtorno do Espectro Autista
Graduada em Pedagogia
Professora de Educação Infantil e do 1º ano do Ensino Fundamental I

Jaime Teles da Silva
Graduado em Pedagogia
Bacharel e licenciado em Educação Física
Especializado em Educação Física Escolar
Professor na rede municipal

Letícia García
Formada em Pedagogia
Professora de Educação Infantil

Vanessa Mendes Carrera
Mestre em Educação
Pós-graduada em Alfabetização e Letramento
Graduada em Pedagogia
Professora de Educação Infantil e do 1º ano do Ensino Fundamental

Viviane Osso L. da Silva
Pós-graduada em Neurociência Aplicada à Educação
Pós-graduada em Educação Inclusiva
Graduada em Pedagogia
Professora de Educação Infantil e do 1º ano do Ensino Fundamental

Educação Infantil

Editora do Brasil

Dados Internacionais de Catalogação na Publicação (CIP)
(Câmara Brasileira do Livro, SP, Brasil)

> Brincando com as palavras : educação infantil 3 / Gisela Mello... [et al.]. – São Paulo: Editora do Brasil, 2019.
>
> Outros autores: Jaime Teles da Silva, Letícia García, Vanessa Mendes Carrera, Viviane Osso L. da Silva.
> ISBN 978-85-10-07879-5 (aluno)
> ISBN 978-85-10-07880-1 (professor)
>
> 1. Educação infantil I. Mello, Gisela. II. Silva, Jaime Teles da. III. García, Letícia. IV. Carrera, Vanessa Mendes. V. Silva, Viviane Osso L. da
>
> 19-29422   CDD-372.21

Índices para catálogo sistemático:
1. Educação infantil 372.21
Iolanda Rodrigues Biode - Bibliotecária - CRB-8/10014

© Editora do Brasil S.A., 2019
Todos os direitos reservados

Direção-geral: Vicente Tortamano Avanso

Direção editorial: Felipe Ramos Poletti
Gerência editorial: Erika Caldin
Supervisão de arte e editoração: Cida Alves
Supervisão de revisão: Dora Helena Feres
Supervisão de iconografia: Léo Burgos
Supervisão de digital: Ethel Shuña Queiroz
Supervisão de controle de processos editoriais: Roseli Said
Supervisão de direitos autorais: Marilisa Bertolone Mendes

Supervisão editorial: Carla Felix Lopes
Coordenação pedagógica: Vanessa Mendes Carrera
Edição: Jamila Nascimento
Assistência editorial: Ana Okada e Beatriz Pineiro Villanueva
Auxílio editorial: Marcos Vasconcelos
Copidesque: Gisélia Costa e Ricardo Liberal
Revisão: Elaine Silva, Fernanda Rizzo Sanchez e Rosani Andreani
Pesquisa iconográfica: Daniel Andrade e Isabela Meneses
Assistência de arte: Josiane Batista
Design gráfico: Gabriela César e Megalo Design
Capa: Megalo Design
Imagem de capa: Raitan Ohi
Ilustrações: Andreia Vieira, Brambilla, Camila Hortêncio, Eduardo Belmiro, Estúdio Dois de Nós, Estúdio Ornitorrinco, Flip Estúdio, Fernando Raposo, Henrique Brum, Kau Bispo e Sonia Horn
Coordenação de editoração eletrônica: Abdonildo José de Lima Santos
Editoração eletrônica: Viviane Yonamine
Licenciamentos de textos e produção fonográfica: Cinthya Utiyama, Jennifer Xavier, Paula Harue Tozaki e Renata Garbellini
Controle de processos editoriais: Bruna Alves, Carlos Nunes e Stephanie Paparella

1ª edição / 3ª impressão, 2022
Impresso na Ricargraf Gráfica e Editora.

Editora do Brasil
Rua Conselheiro Nébias, 887
São Paulo/SP – CEP 01203-001
Fone: +55 11 3226-0211
www.editoradobrasil.com.br

abdr - Respeite o direito autoral

CONTEÚDO DIGITAL PARA ALUNOS

Cadastre-se e transforme seus estudos em uma experiência única de aprendizado:

1 Entre na página de cadastro:
www.editoradobrasil.com.br/sistemas/cadastro

2 Além dos seus dados pessoais e de sua escola, adicione ao cadastro o código do aluno, que garantirá a exclusividade do seu ingresso a plataforma.

3495794A1421821

3 Depois, acesse: **www.editoradobrasil.com.br/leb**
e navegue pelos conteúdos digitais de sua coleção **:D**

Lembre-se de que esse código, pessoal e intransferível, é valido por um ano. Guarde-o com cuidado, pois é a única maneira de você utilizar os conteúdos da plataforma.

Editora do Brasil

APRESENTAÇÃO

QUERIDA CRIANÇA,

VAMOS BRINCAR DE APRENDER? AFINAL, QUEM BRINCA APRENDE!

NESTE LIVRO, VOCÊ VAI CONHECER HISTÓRIAS, APRENDER BRINCADEIRAS, RECITAR CANTIGAS E PARLENDAS, BRINCAR DE ADIVINHAR, PINTAR, DESENHAR, REFLETIR SOBRE SITUAÇÕES DO DIA A DIA E COMPARTILHAR EXPERIÊNCIAS COM OS COLEGAS.

VOCÊ TAMBÉM VAI CRIAR E RECRIAR ARTE DO SEU JEITINHO, EXPLORANDO DIVERSOS MATERIAIS E DESCOBRINDO FORMAS CRIATIVAS DE UTILIZÁ-LOS.

FICOU ANIMADA?

ENTÃO, EMBARQUE NESTA DIVERTIDA APRENDIZAGEM E BOA BRINCADEIRA!

OS AUTORES

SUMÁRIO

BRINCANDO COM ADIVINHA .... 6 A 10

GÊNERO TEXTUAL: ADIVINHA; LEITURA DE PALAVRAS COM APOIO DA IMAGEM; COBERTURA DE TRACEJADO DAS VOGAIS EM LETRA BASTÃO E CURSIVA MAIÚSCULA E MINÚSCULA; GÊNERO TEXTUAL: AGENDA TELEFÔNICA; IDENTIFICAÇÃO DAS VOGAIS NAS PALAVRAS; CONTAGEM E COMPARAÇÃO DE QUANTIDADE DE VOGAIS ENTRE PALAVRAS; PRODUÇÃO ESCRITA: AGENDA TELEFÔNICA DA TURMA; GÊNERO TEXTUAL: PARLENDA; ESCRITA DO NOME PRÓPRIO; IDENTIFICAÇÃO E CONTAGEM DE VOGAIS DO NOME PRÓPRIO; TRAÇADO DE CÍRCULO DE ACORDO COM A LEGENDA; TRAÇADO DE CÍRCULO; BRINCANDO COM ARTE: TELEFONE DE BRINQUEDO.

BRINCANDO COM POEMA .... 11 A 14

GÊNERO TEXTUAL: POEMA; RECONHECIMENTO DOS ENCONTROS VOCÁLICOS: **EI, EU, OU, OI, IO, UI, IU, AU** E **IA**; COBERTURA DE TRAÇADO DOS ENCONTROS VOCÁLICOS: **EI, EU, OU, OI, IO, UI, IU, AU** E **IA**; GRAFIA DOS ENCONTROS VOCÁLICOS: **EI, EU, OU, OI, IO, UI, IU, AU** E **IA**; ÓRGÃOS DOS SENTIDOS; DESTAQUE E COLAGEM DE FIGURAS; INSTRUMENTOS MUSICAIS; IDENTIFICAÇÃO DE ENCONTROS VOCÁLICOS EM BALÕES DE FALA; LEITURA DE BALÕES DE FALA COM APOIO DA IMAGEM; NOMES PRÓPRIOS BRASILEIROS; ALIMENTOS BRASILEIROS.

BRINCANDO COM POEMA .... 15 A 94

GÊNERO TEXTUAL: POEMA; REVISÃO DO ALFABETO; GÊNERO TEXTUAL: PARLENDA; LETRAS DO ALFABETO EM IMPRENSA E CURSIVA MAIÚSCULA E MINÚSCULA; COBERTURA DE TRACEJADO DAS LETRAS DO ALFABETO; IDENTIFICAÇÃO DE LETRAS DO ALFABETO EM PALAVRAS; IDENTIFICAÇÃO DE LETRAS DO ALFABETO EM FRASES; ANIMAIS; PINTURA DE ILUSTRAÇÕES; PINTURA DE ACORDO COM LEGENDA; PINTURA DE LETRAS E DE PALAVRAS; TRAÇADO DE CÍRCULO; TRAÇADO DE **X**; RECONHECIMENTO DAS LETRAS INICIAIS DAS PALAVRAS; ESCRITA DAS LETRAS INICIAIS DAS PALAVRAS; LEITURA DE PALAVRAS COM APOIO DA IMAGEM; LEITURA DE FRASES; GÊNERO TEXTUAL: TRAVA-LÍNGUA; GÊNERO TEXTUAL: FÁBULA; DESENHO DE FIGURA; DESENHO DE CENÁRIO; GÊNERO TEXTUAL: CANTIGA; GÊNERO TEXTUAL: TEXTO INFORMATIVO; GÊNERO TEXTUAL: QUADRINHA; LIGA-PONTOS; BRINCANDO COM ARTE: FANTOCHE DE SAPO.

BRINCANDO COM POEMA .... 95 A 100

GÊNERO TEXTUAL: POEMA; ESCRITA DO NOME PRÓPRIO; IDENTIFICAÇÃO DAS VOGAIS E CONSOANTES DO NOME PRÓPRIO; LEITURA DE PALAVRAS COM E SEM APOIO DA IMAGEM; ESCRITA DAS LETRAS INICIAIS DE PALAVRAS; DESENHO DE FIGURA; CLASSIFICAÇÃO DE PALAVRAS DE ACORDO COM A LETRA INICIAL: VOGAL OU CONSOANTE; AUDIÇÃO/LEITURA DE UM POEMA; PINTURA DE NOMES PRÓPRIOS; GRAFIA DO PRÓPRIO NOME; IDENTIFICAÇÃO E GRAFIA DE VOGAIS E CONSOANTES; IDENTIFICAÇÃO DE PALAVRAS QUE COMEÇAM COM VOGAL; IDENTIFICAÇÃO DE PALAVRAS QUE COMEÇAM COM CONSOANTE; ASSOCIAÇÃO ENTRE PALAVRAS E IMAGENS; COBERTURA DO TRACEJADO DE VOGAIS E CONSOANTES; GRAFIA DE VOGAIS E CONSOANTES MAIÚSCULAS E MINÚSCULAS; REVISÃO DO ALFABETO.

BRINCANDO COM AS FAMÍLIAS . . . . 101 A 175

FAMÍLIA DO **B**; FAMÍLIA DO **C**; FAMÍLIA DO **D**; FAMÍLIA DO **F**; FAMÍLIA DO **G**; FAMÍLIA DO **H**; FAMÍLIA DO **J**; FAMÍLIA DO **L**; FAMÍLIA DO **M**; FAMÍLIA DO **N**; FAMÍLIA DO **P**; FAMÍLIA DO **Q**; FAMÍLIA DO **R**; FAMÍLIA DO **S**; FAMÍLIA DO **T**; FAMÍLIA DO **V**; FAMÍLIA DO **X**; FAMÍLIA DO **Z**; COBERTURA DE TRACEJADO DAS FAMÍLIAS SILÁBICAS EM LETRA CURSIVA MAIÚSCULA E MINÚSCULA; IDENTIFICAÇÃO DAS FAMÍLIAS SILÁBICAS EM PALAVRAS, FRASES E TEXTOS; IDENTIFICAÇÃO DE PALAVRAS EM TEXTOS; ESCRITA DE SÍLABA EM PALAVRAS COM E SEM APOIO DE BANCO DE SÍLABAS; ESCRITA DE PALAVRAS EM FRASES COM APOIO DE BANCO DE PALAVRAS; FORMAÇÃO DE PALAVRAS; LEITURA DE PALAVRAS COM APOIO DE IMAGENS; GÊNERO TEXTUAL: CANTIGA; GÊNERO TEXTUAL: POEMA; GÊNERO TEXTUAL: ADIVINHA; GÊNERO TEXTUAL: QUADRINHA; GÊNERO TEXTUAL: TRAVA-LÍNGUA; GÊNERO TEXTUAL: PARLENDA; TRAÇADO EM CÍRCULO; TRAÇADO DE **X**; PINTURA DE PALAVRA; PINTURA DE SÍLABA; PINTURA DE FAMÍLIA SILÁBICA DE ACORDO COM LEGENDA; DESTAQUE E COLAGEM DE ENCARTE; DIAGRAMA DE PALAVRAS; ESCRITA ESPONTÂNEA DE PALAVRAS COM FAMÍLIAS SILÁBICAS; FORMAÇÃO DE PALAVRAS POR MEIO DA JUNÇÃO DE SÍLABAS; ESCRITA ESPONTÂNEA DE LISTA DE NOMES PRÓPRIOS COM A FAMÍLIA DO **J**; ESCRITA ESPONTÂNEA DE LISTA DE OBJETOS COM A LETRA **M**; ESCRITA ESPONTÂNEA DE LISTA DE NOMES PRÓPRIOS COM A LETRA **P**; ESCRITA ESPONTÂNEA DE LISTA DE NOMES PRÓPRIOS COM A LETRA **R**; ESCRITA ESPONTÂNEA DE LISTA DE NOMES PRÓPRIOS COM A LETRA **S**; ESCRITA ESPONTÂNEA DE FRASE COM O USO DE UM NOME PRÓPRIO; ESCRITA ESPONTÂNEA DE FRASE USANDO PALAVRA INDICADA; LEITURA E CÓPIA DE FRASES; BRINCANDO COM ARTE: DADOS SILÁBICOS.

BRINCANDO COM CANTIGA . . . . 176 A 180

GÊNERO TEXTUAL: CANTIGA; COBERTURA DE TRACEJADO DE SÍLABAS E PALAVRAS; ESCRITA DE SÍLABA EM PALAVRAS COM APOIO DE BANCO DE SÍLABAS; ESCRITA DE PALAVRAS COM BASE EM IMAGEM; LEITURA E CÓPIA DE FRASES; FORMAÇÃO DE PALAVRAS; ESCRITA ESPONTÂNEA DE FRASES USANDO PALAVRAS INDICADAS; FORMAÇÃO DE PALAVRAS POR MEIO DA JUNÇÃO DE SÍLABAS; DESTAQUE E COLAGEM DE ENCARTE; ESCRITA ESPONTÂNEA DE NOMES DE ANIMAIS USANDO LETRAS INDICADAS; BRINCANDO COM ARTE: O JOGO DAS SÍLABAS; IDENTIFICAÇÃO DE FAMÍLIAS SILÁBICAS EM TEXTOS; ESCRITA DE PALAVRAS EM FRASES COM APOIO DE BANCO DE PALAVRAS.

BRINCANDO COM POEMA . . . . 181 A 188

FAMÍLIA DO **CH**; FAMÍLIA DO **NH**; FAMÍLIA DO **LH**; ESTUDO DO **R** E **RR**; ESTUDO DO **S** E **SS**; ESTUDO DO **ÇA**, **ÇO** E **ÇU**; ESTUDO DO **Ã** E **ÃO**; GÊNERO TEXTUAL: POEMA; IDENTIFICAÇÃO DE SÍLABAS COMPLEXAS EM PALAVRAS E FRASES; COBERTURA DE TRACEJADO DE SÍLABAS COMPLEXAS EM LETRA CURSIVA MAIÚSCULA E MINÚSCULA; ESCRITA DE SÍLABAS COMPLEXAS EM PALAVRAS; FORMAÇÃO DE PALAVRAS; GÊNERO TEXTUAL: PARLENDA; CLASSIFICAÇÃO DE PALAVRAS DE ACORDO COM SÍLABAS COMPLEXAS; GÊNERO TEXTUAL: TRAVA-LÍNGUA; ESCRITA ESPONTÂNEA DE FRASE COM O USO DE PALAVRAS ESCOLHIDAS.

BRINCANDO COM TIRINHA . . . . 189 A 192

GÊNERO TEXTUAL: TIRINHA; IDENTIFICAÇÃO DE SÍLABAS COMPLEXAS EM BALÕES DE FALA; ESCRITA DE FRASE COM APOIO DE BANCO DE PALAVRAS; DESTAQUE E COLAGEM DE ENCARTE; ESCRITA ESPONTÂNEA DE TÍTULO DE HISTÓRIA COM BASE EM CENAS; ESCRITA ESPONTÂNEA DE LISTA DE PERSONAGENS PREFERIDOS; ESCRITA ESPONTÂNEA DE FRASE COM NOME DE PERSONAGEM PREFERIDO; FORMAÇÃO DE PALAVRAS; GÊNERO TEXTUAL: RECEITA; LEITURA DE INGREDIENTES DE UMA RECEITA.

BRINCANDO COM ADIVINHA

OUÇA A LEITURA DA ADIVINHA E PINTE AS VOGAIS.

O que é, o que é?
Fala e ouve,
mas não é gente.

ADIVINHA.

TELEFONE

telefone

VOCÊ LEMBRA QUAIS SÃO AS VOGAIS? CUBRA O TRACEJADO.

| A | E | I | O | U |

| a | e | i | o | u |

QUAL FOI A ÚNICA VOGAL QUE NÃO APARECEU NA ADIVINHA? CIRCULE-A.

| a | e | i | o | u |

ESCREVA QUANTAS VOGAIS TEM CADA PALAVRA.

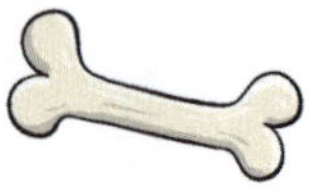

osso

uva

escada

ímã

OBSERVE A AGENDA TELEFÔNICA ABAIXO E CIRCULE AS VOGAIS DE ACORDO COM A LEGENDA.

Aa ■   Ee ■   Ii ■   Oo ■   Uu ■

📞 Aline

📞 Eduardo

📞 Iara

📞 Olívia

📞 Ulisses

ESCREVA QUANTAS VEZES VOCÊ CIRCULOU CADA VOGAL.

Aa	Ee	Ii	Oo	Uu

CIRCULE OS NOMES QUE TÊM A MESMA QUANTIDADE DE VOGAL A-a

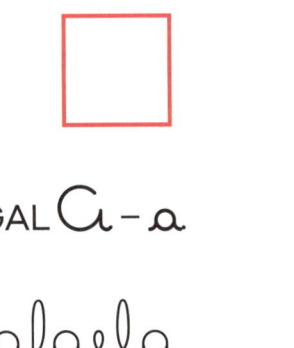

Amanda   Catarina   Rafaela
Gabriel   Simone   Eduarda

VAMOS FAZER UMA AGENDA TELEFÔNICA DA TURMA?

ESCREVA O NOME E O NÚMERO DE TELEFONE DE CINCO COLEGAS DA TURMA. DEPOIS, PINTE AS VOGAIS DE **AMARELO**.

1. NOME: _____ TELEFONE: _____

2. NOME: _____ TELEFONE: _____

3. NOME: _____ TELEFONE: _____

4. NOME: _____ TELEFONE: _____

5. NOME: _____ TELEFONE: _____

COMPLETE O NOME DOS OBJETOS ABAIXO COM AS VOGAIS.

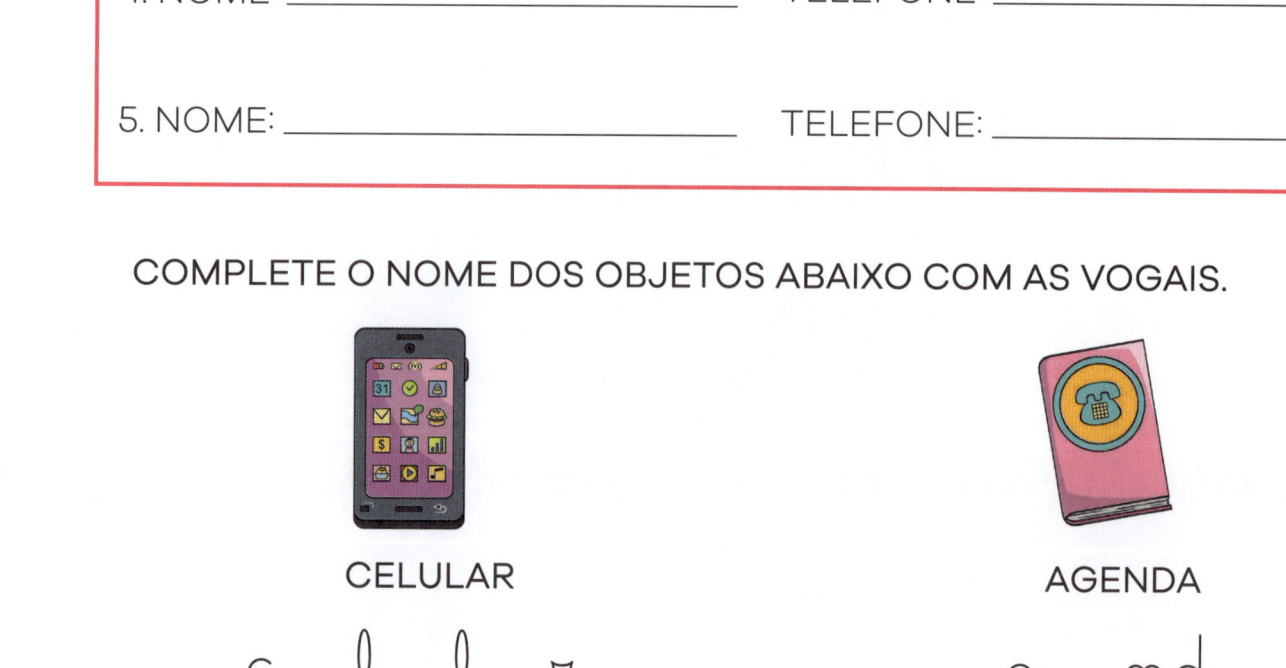

CELULAR

c _ l _ l _ r

AGENDA

_ g _ nd _

CANETA

c _ n _ t _

FIO

f _ _

RECITE A PARLENDA E PINTE AS VOGAIS.

> Quem quiser saber meu nome
> dê uma volta no jardim
> que meu nome está escrito,
> em uma folha de jasmim.
>
> PARLENDA.

JASMIM

jasmim

CUBRA O TRACEJADO DAS VOGAIS.

A E I O U

ESCREVA SEU NOME E CIRCULE AS VOGAIS.

_____

QUANTAS VEZES VOCÊ CIRCULOU CADA VOGAL DE SEU NOME?

A	E	I	O	U
☐	☐	☐	☐	☐

BRINCANDO COM ARTE

VAMOS CONSTRUIR UM TELEFONE DE BRINQUEDO COM MATERIAL RECICLÁVEL?

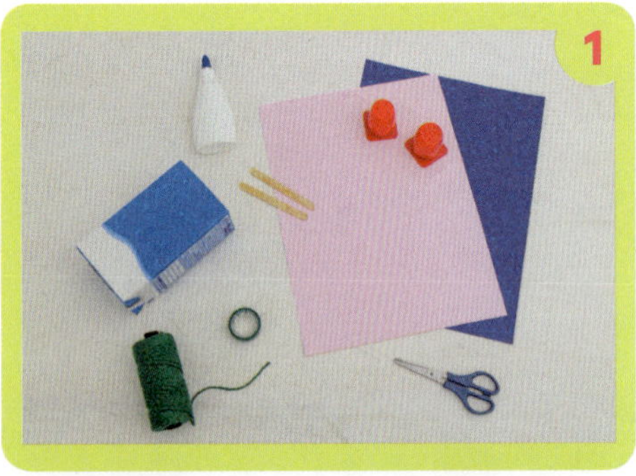

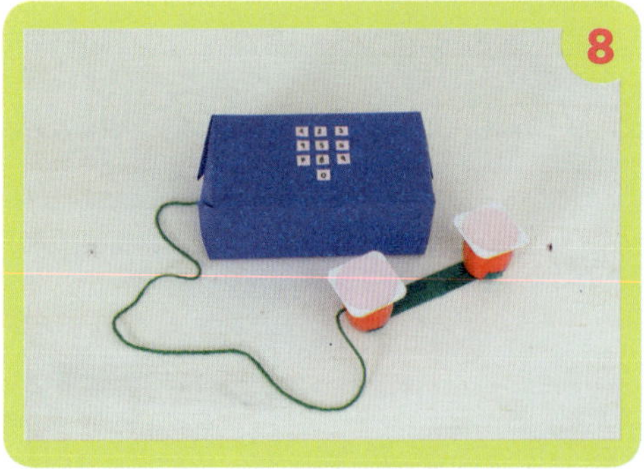

Imagens: Marcelo Parducci e Maria Helena Sponchiado/Mar de Palha

BRINCANDO COM POEMA

OUÇA A LEITURA DO POEMA E CIRCULE OS ENCONTROS VOCÁLICOS.

> Povos diversos
> [...] Vi milhares de bandeiras,
> Maneiras e fronteiras.
> Ouvi milhares de idiomas
> E senti muitos aromas.
> Ouvi sotaques e hinos
> Na voz de meninas e meninos. [...]
>
> CÉSAR OBEID E JONAS RIBEIRO. POESIAS PARA A PAZ. SÃO PAULO: EDITORA DO BRASIL, 2016. P. 6.

COMPLETE AS PALAVRAS COM *ei, io, ui*.

band___ra   id___mas   m___tos

CUBRA O TRACEJADO DAS PALAVRAS, DESTAQUE AS FIGURAS DA PÁGINA 193 E COLE AS PARTES DO CORPO QUE USAMOS EM CADA AÇÃO.

ouviu   cheirou   viu

CUBRA O TRACEJADO E CONTINUE ESCREVENDO OS ENCONTROS VOCÁLICOS.

ei

io

au

ia

OS INSTRUMENTOS MUSICAIS TAMBÉM TÊM ORIGENS DIFERENTES.

COMPLETE OS ESPAÇOS COM OS ENCONTROS VOCÁLICOS E, DEPOIS, PINTE OS INSTRUMENTOS.

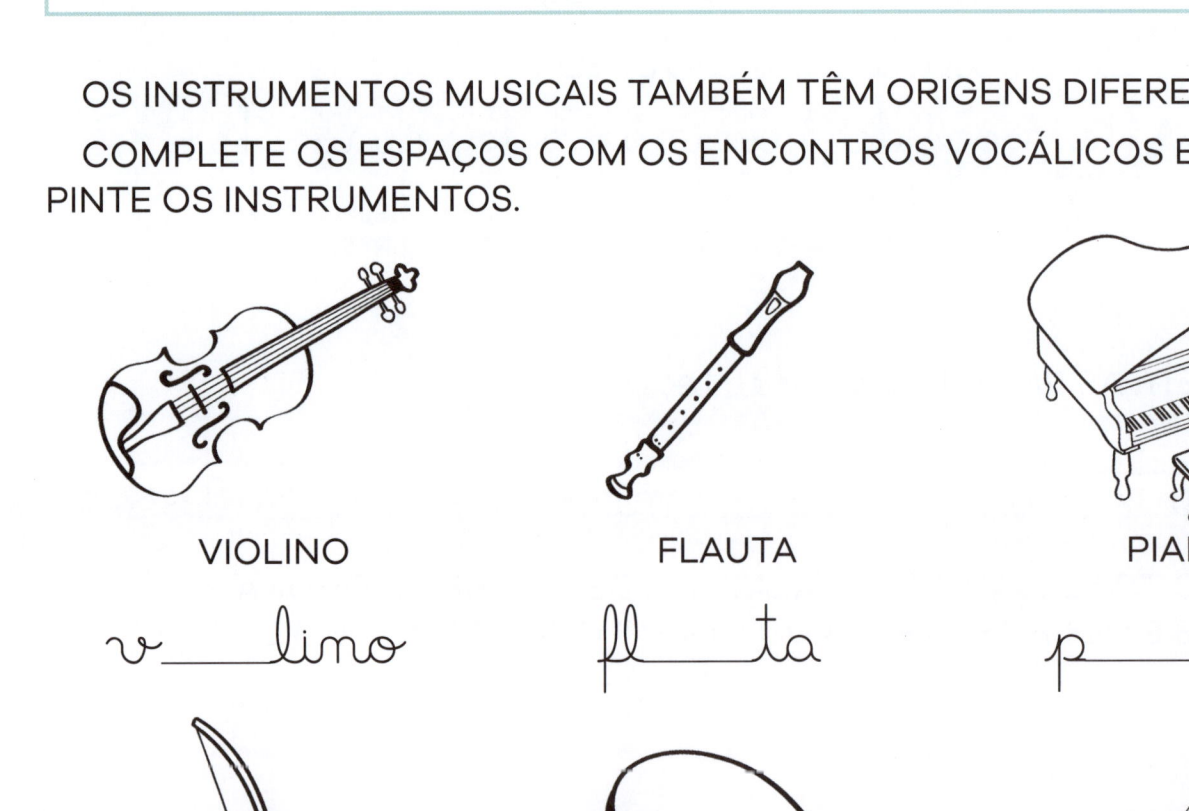

VIOLINO — v___lino

FLAUTA — fl___ta

PIANO — p___no

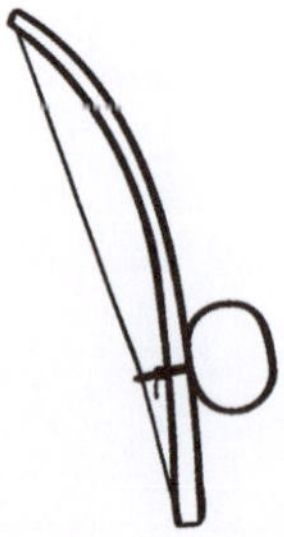

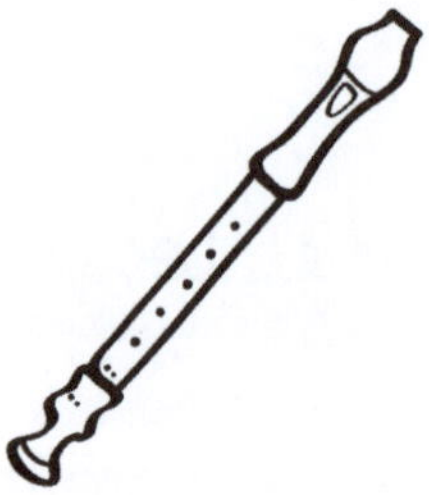

BERIMBAU — berimb___

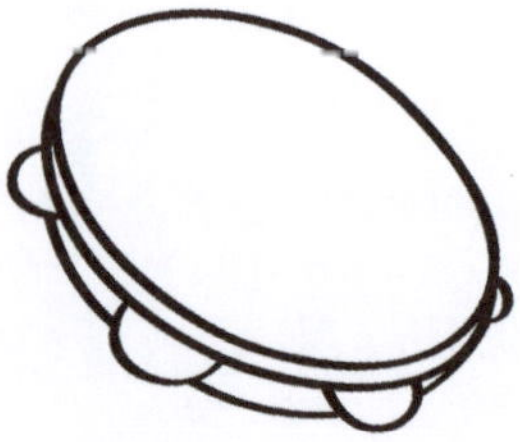

PANDEIRO — pand___ro

VIOLÃO — v___lão

QUEM DISSE O QUÊ?

CIRCULE OS ENCONTROS VOCÁLICOS E LIGUE CADA CRIANÇA AO BALÃO CORRETO.

CUBRA O TRACEJADO E CONTINUE ESCREVENDO OS ENCONTROS VOCÁLICOS.

VAMOS CONHECER OUTROS MENINOS E MENINAS DO BRASIL? CUBRA O TRACEJADO PARA COMPLETAR OS NOMES.

Eliane   Euclides   Cila

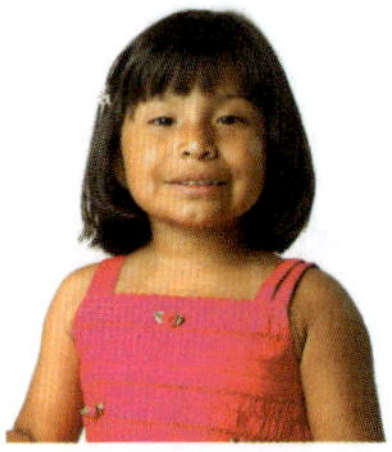

Aurélio   Dudi   Tiago

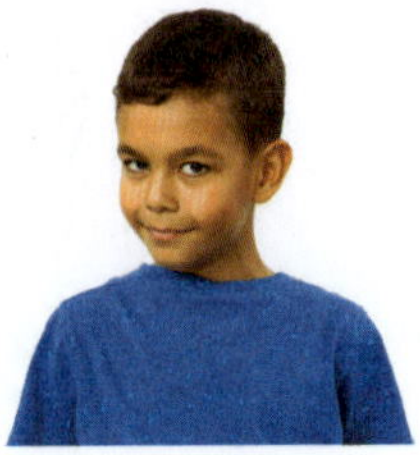

COMPLETE AS PALAVRAS COM OS ENCONTROS VOCÁLICOS. DEPOIS, DESTAQUE AS FIGURAS DA PÁGINA 201 E COLE-AS NOS LUGARES CORRETOS.

tap___ca   f___jão   t___nha

aç___   brigad___ro   ambros___

BRINCANDO COM POEMA

OUÇA A LEITURA DO POEMA E CIRCULE TRÊS CONSOANTES DIFERENTES.

> Essa viajante de aventuras
> passava no fim da rua,
> no começo da árvore,
> no rabo do cometa,
> sem conhecer o lobo, o tigre,
> o cisne, o condor. [...]

JUSSARA BRAGA. UMA HISTÓRIA DE VOGAIS.
SÃO PAULO: EDITORA DO BRASIL, 2017. P. 10 E 11.

COMPLETE O QUADRO COM AS LETRAS QUE FALTAM.

a	b		d	e			g	h		j
k		m		o			q		s	t
u		w	x	y						

CUBRA O TRACEJADO PARA COMPLETAR O NOME DE CADA ANIMAL.

   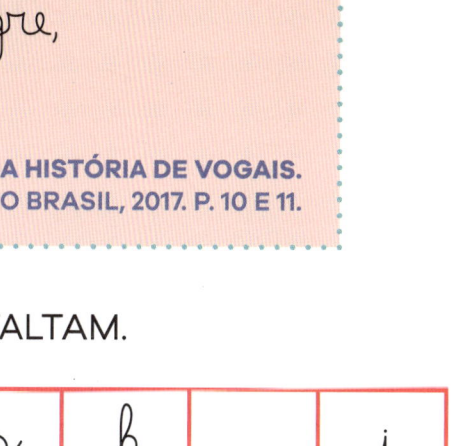

lobo   cisne   tigre    condor

A de Alice, a de abelha

PINTE A LETRA A - a NOS VERSOS ABAIXO.

A abelha trabalha
Todo dia faz mel
Voa livre e ligeira
Pelo azul do céu.

PARLENDA.

CUBRA O TRACEJADO E CONTINUE ESCREVENDO A LETRA A - a.

PINTE A ABELHA E CIRCULE A LETRA A - a

ABELHA
abelha

PINTE APENAS AS FIGURAS CUJOS NOMES COMEÇAM COM A LETRA a

uva 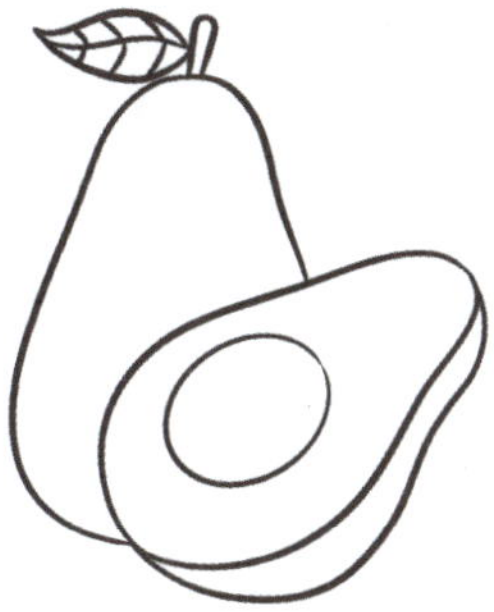   abacate    óculos

abacaxi 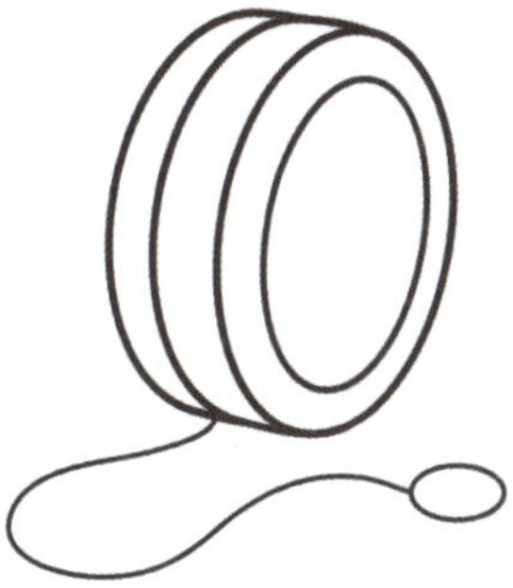   ioiô    árvore

COMPLETE OS NOMES COM A LETRA a.

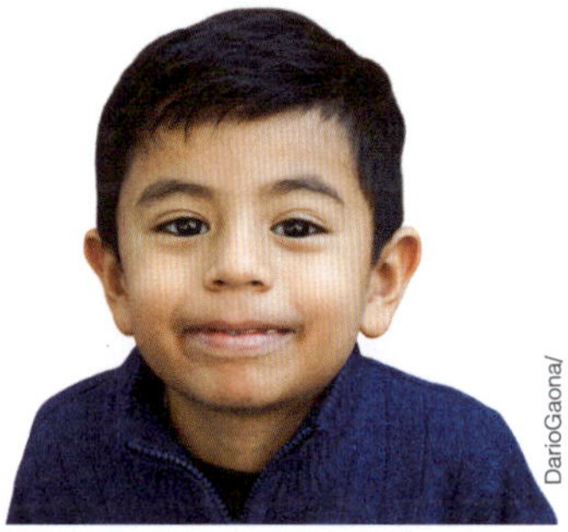

___line   ___lan   ___manda

CUBRA O TRACEJADO PARA COMPLETAR A FRASE.

Ana tem um anel amarelo.

COMPLETE AS PALAVRAS COM A LETRA a.

_a_pito   p_a_nel   c_a_deir_a_

_a_r_a_nh_a_   _a_r_a_r_a_   _a_lmof_a_d_a_

COMPLETE AS PALAVRAS COM A LETRA INICIAL DELAS.

_a_bóbora   _e_ma   _i_glu

_o_vo   _u_rso   _a_vestruz

VOCÊ CONHECE A HISTÓRIA **ALICE NO PAÍS DAS MARAVILHAS**? PINTE A MENINA E CIRCULE A LETRA INICIAL DO NOME DELA.

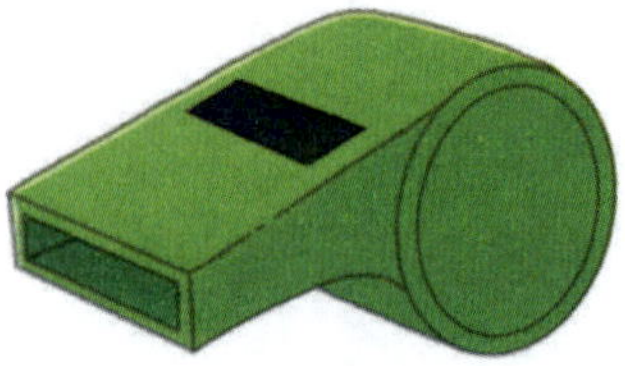

Alice

B de Bianca, b de besouro

PINTE A LETRA B – b NOS VERSOS ABAIXO.

Zum-zum-zum
Pro casamento do besouro
Barata nenhuma foi convidada
O altar tinha pétalas de ouro
E uma linda cortina bordada [...]

RENATA BUENO. POEMAS PROBLEMAS.
SÃO PAULO: EDITORA DO BRASIL, 2012. P. 20.

b	B
b	B

CUBRA O TRACEJADO E CONTINUE ESCREVENDO A LETRA B – b.

B

b

LIGUE CADA INSETO A SEU NOME.

besouro

barata

CUBRA O TRACEJADO DA LETRA b.

bebê — balão  — boca

boneca — bolsa — bola

COMPLETE OS NOMES COM A LETRA B.

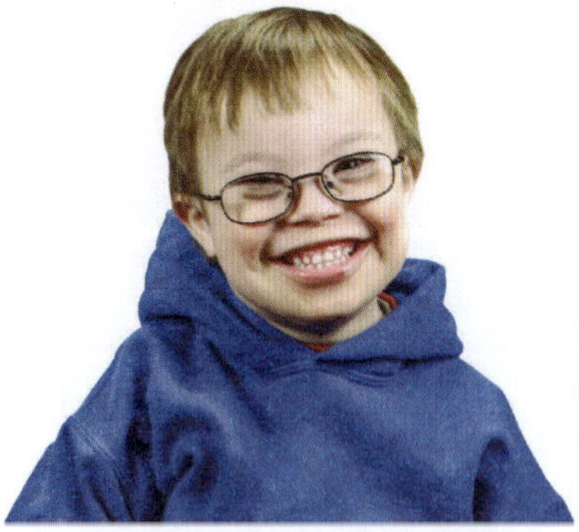

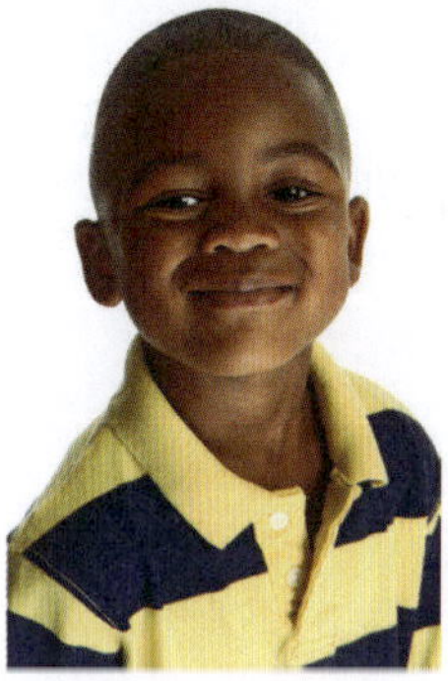

_enício — _eto — _eatriz

CUBRA O TRACEJADO PARA COMPLETAR A FRASE.

Bernardo tem um boné de aba bege.

PINTE APENAS AS FIGURAS CUJOS NOMES COMEÇAM COM A LETRA b.

baleia   coelho   pato   borboleta

COMPLETE AS PALAVRAS COM AS LETRAS QUE FALTAM.

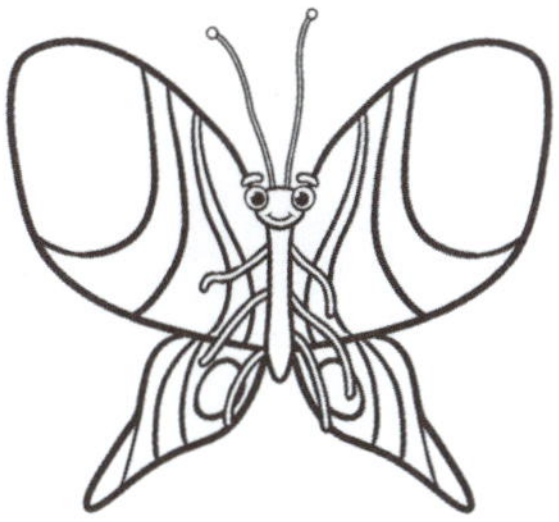

___am___olê    ___uzin___   ___ald___

___ot___ 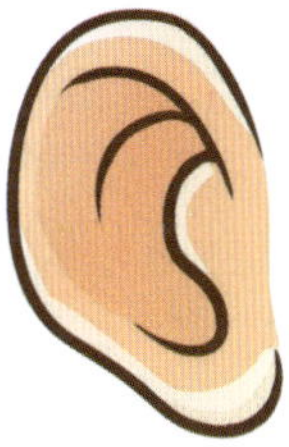   ___relha___    ___ru___u___

VOCÊ CONHECE A HISTÓRIA DO BOITATÁ?
PINTE-O E CIRCULE A LETRA INICIAL DO NOME DELE.

Boitatá

C de Camila, c de cobra

OUÇA A LEITURA DO POEMA E CIRCULE A LETRA c NOS VERSOS ABAIXO.

> A cobra é de matar...
> Mas tricotando seu avental
> se enrola toda.
> Que sufoco! O que é rabo
> e o que é lã, afinal? [...]
>
> RENATA BUENO. **QUEM TEM MEDO?**
> SÃO PAULO: EDITORA DO BRASIL, 2015. P. 38-40.

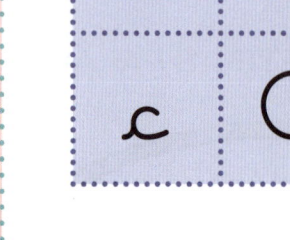

CUBRA O TRACEJADO E CONTINUE ESCREVENDO A LETRA C - c.

CUBRA O PONTILHADO E PINTE A COBRA E A LETRA C - c.

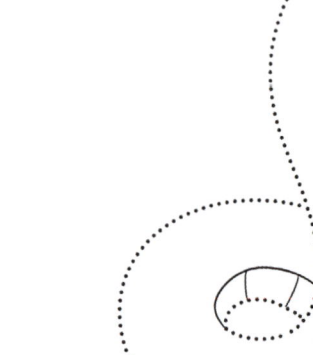

COBRA

cobra

PINTE A PALAVRA QUE CORRESPONDE À IMAGEM.

| jacaré / cavalo / macaco | elefante / porco / caranguejo |
| coelho / tatu / gato | rato / pato / cão |

COM QUAL LETRA COMEÇAM AS PALAVRAS QUE VOCÊ PINTOU? ☐

COMPLETE OS NOMES COM A LETRA C.

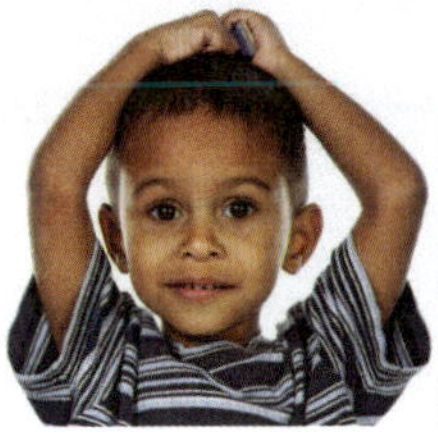

___arolina   ___aio   ___ora

CUBRA O TRACEJADO PARA COMPLETAR AS FRASES.

A) Carolina ama brincar com seu cão.

B) Caio tem uma coleção de carrinhos.

C) Cora gosta de comer caju.

CIRCULE OS ANIMAIS CUJOS NOMES COMEÇAM COM A LETRA C.

COMPLETE AS PALAVRAS COM A LETRA INICIAL DELAS.

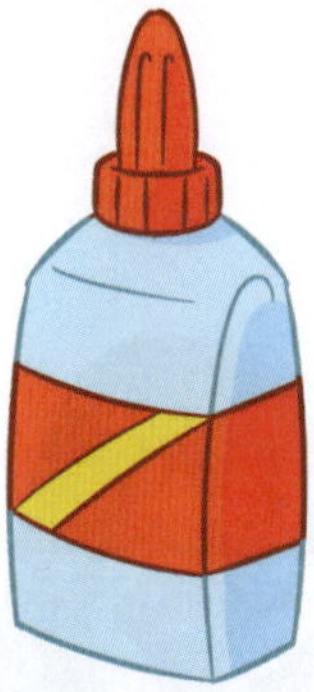

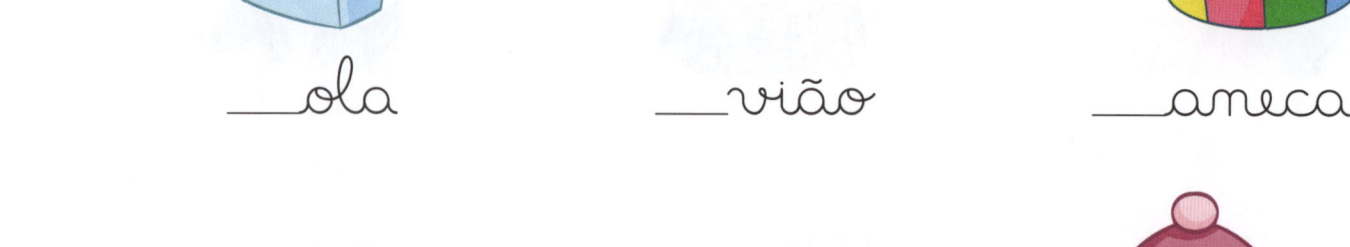

___ola    ___vião    ___aneca

___asa    ___ueca    ___ule

D de Davi, d de dourado

OUÇA A LEITURA DO TEXTO E PINTE A LETRA d NOS VERSOS ABAIXO.

O peixe dourado
estava de papo furado
Com o peixe linguado.
Eles decidiram nadar
apressados
Para não serem pescados.

TEXTO ESCRITO ESPECIALMENTE PARA ESTA OBRA.

d	D
d	D

CUBRA O TRACEJADO E CONTINUE ESCREVENDO A LETRA D - d.

DESENHE O FUNDO DO RIO E CIRCULE A LETRA D - d

DOURADO
dourado

COMPLETE AS PALAVRAS COM d.

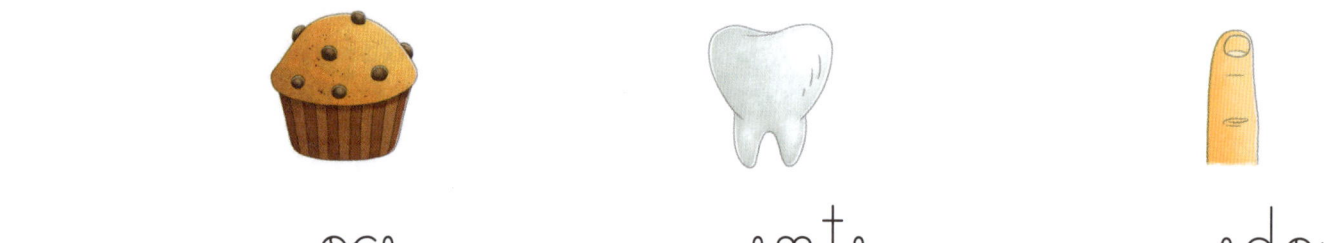

___oce   ___ente   ___edo

COMPLETE OS NOMES COM A LETRA D.

___andara   ___iego   ___aniel

CIRCULE AS LETRAS D – d DEPOIS, NUMERE AS IMAGENS DE ACORDO COM AS FRASES.

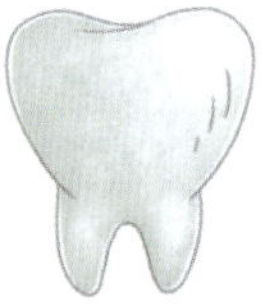

1. Eduardo e Diana jogam dado.
2. O dia está nublado.
3. Douglas comeu doce de leite.

CUBRA O TRACEJADO E RECITE O TRAVA-LÍNGUA.

Quando digo Digo,
digo Digo,
não digo Diogo.
Quando digo Diogo,
digo Diogo,
não digo Digo.

TRAVA-LÍNGUA.

SUBSTITUA AS FIGURAS PELAS LETRAS CORRESPONDENTES DE ACORDO COM A LEGENDA.

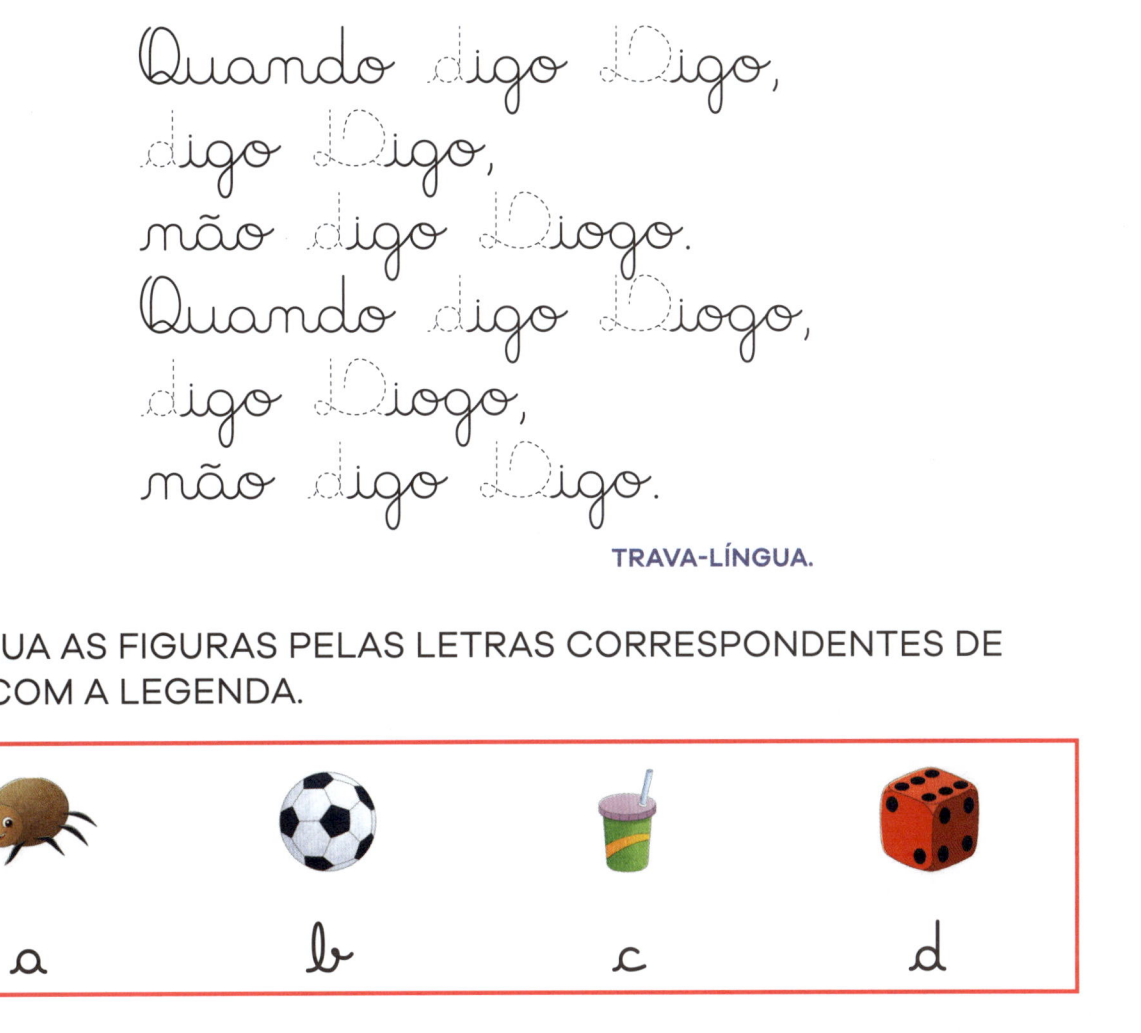

____ominó

fo_____

____e____ola

m____ ____

ESCOLHA UMA DAS PALAVRAS DA ATIVIDADE ANTERIOR, ILUSTRE-A EM UMA FOLHA À PARTE E MOSTRE-A AOS COLEGAS.

LIGUE AS PALAVRAS QUE COMEÇAM COM A MESMA LETRA.

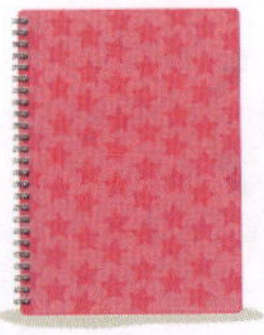

CIRCULE AS ILUSTRAÇÕES CUJOS NOMES COMEÇAM COM A LETRA INDICADA.

E de Eduardo, e de elefante

OUÇA A LEITURA DA FÁBULA E CIRCULE A LETRA E – e NO TEXTO.

O Elefante e o Leão
O Elefante, apesar de ser grande, tinha medo de que abelhas entrassem nos seus ouvidos. [...]

TRECHO DA FÁBULA DE ESOPO.

e	E
e	E

CUBRA O TRACEJADO E CONTINUE ESCREVENDO A LETRA E – e

PINTE O ELEFANTE E CUBRA O TRACEJADO DA LETRA E – e

ELEFANTE

elefant

29

COMPLETE OS NOMES COM A LETRA E.

___liana ___lias ___mília

CUBRA O TRACEJADO E RECITE O POEMA.

A estrela dorminhoca
Uma estrela dorminhoca
dorme e ronca a noite inteira.
Que estrela de doideira,
que estrela preguiçosa! [...]

SYLVIA ORTHOF. A POESIA É UMA PULGA. SÃO PAULO: ATUAL, 2017. P. 13.

PINTE APENAS AS FIGURAS CUJOS NOMES COMEÇAM COM A LETRA **E**.

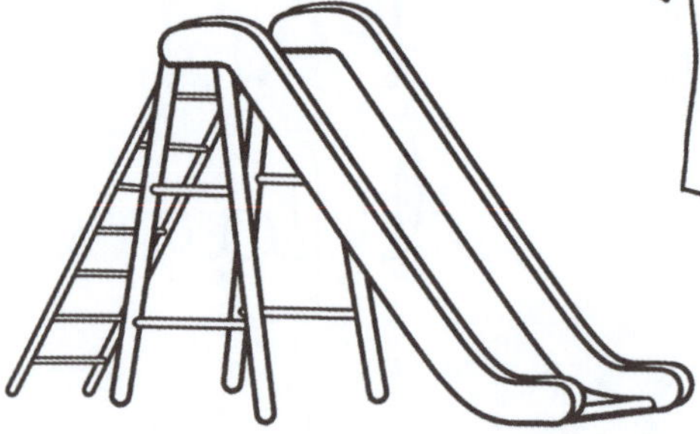

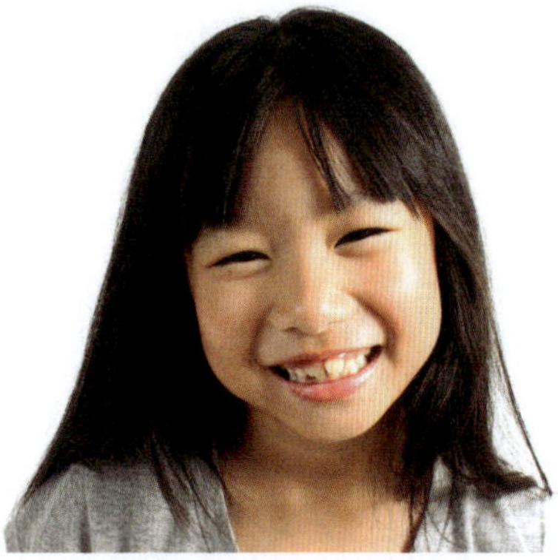

CIRCULE AS LETRAS E – e E NUMERE AS IMAGENS DE ACORDO COM AS FRASES.

1. Estela dorme na rede.
2. A enguia vive no oceano.

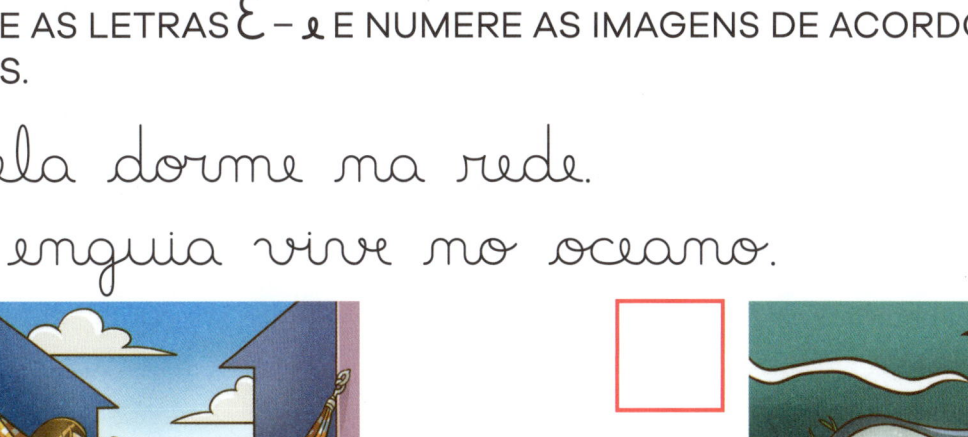

VAMOS RECORDAR AS LETRAS? OBSERVE AS PALAVRAS E PINTE APENAS AS LETRAS a, b, c, d E e.

escola	gota	bala
cabide	boné	estojo

VOCÊ CONHECE ESSE ANIMAL?

DESENHE MAIS DUAS NOZES PARA O ESQUILO E PINTE A LETRA e NO NOME DELE. DEPOIS, PINTE O ESQUILO.

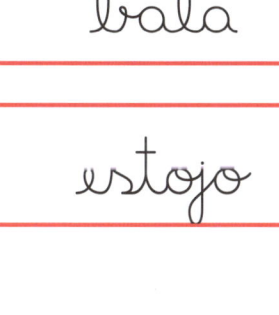

esquilo

F de Fernanda, f de foca

OUÇA A LEITURA DO POEMA E PINTE A LETRA F - f NO TEXTO.

Felicidade
Foca fica feliz com fofoca.
Farinha fica feliz com fermento.
Formiga fica feliz com farelo.
Família fica feliz com festança.
[...]

JONAS RIBEIRO. ALFABÉTICO – ALMANAQUE DO ALFABETO POÉTICO. SÃO PAULO: EDITORA DO BRASIL, 2015. P. 24.

f	F
f	F

CUBRA O TRACEJADO E CONTINUE ESCREVENDO A LETRA F - f.

LIGUE OS ANIMAIS AOS NOMES CORRESPONDENTES.

foca

formiga

COMPLETE OS NOMES COM A LETRA F.

___ábio   ___átima   ___lávio

CUBRA O TRACEJADO PARA COMPLETAR A FRASE.

Felipe fez um bolo de fubá bem fofo.

CIRCULE AS PALAVRAS QUE COMEÇAM COM A LETRA f

fogão    carro    folha

figo    feijão    piano

COMPLETE AS PALAVRAS COM A LETRA f

___aca 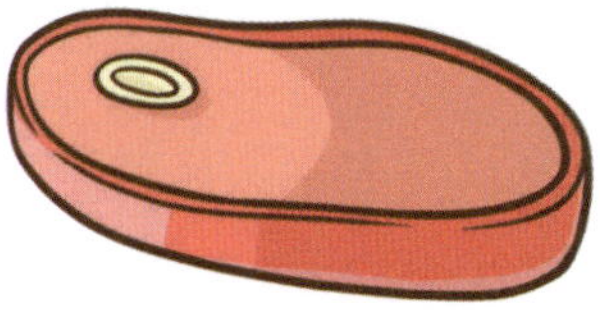   bi___e    so___á

G de Gabriel, g de galinha

CIRCULE A LETRA g NOS VERSOS ABAIXO.

É canja, é canja,
é canja de galinha!
Arranja outro time
pra jogar na nossa linha.

PARLENDA.

g	G
g	G

CUBRA O TRACEJADO E CONTINUE ESCREVENDO A LETRA G - g.

PINTE A FIGURA E CIRCULE A LETRA G - g.

GALINHA

galinha

COMPLETE OS NOMES COM A LETRA $\mathcal{G}$.

___isele   ___ustavo   ___iovana

PINTE APENAS AS FIGURAS CUJOS NOMES COMEÇAM COM A LETRA g.

gavião    girafa    borboleta

gato    vaca    gorila

CUBRA O TRACEJADO E ILUSTRE A FRASE.

Gabriela e Guilherme gostam de jogar pingue-pongue.

COMPLETE AS PALAVRAS.

_arça    _elatina    _ambá

_an_orra    _oiaba    moran_o

COMPLETE AS PALAVRAS COM A LETRA INICIAL DELAS.

_tum   _mpada

_aú   _ogo

_aju   _ota

H de Henrique, h de hiena

OUÇA A LEITURA DO POEMA E PINTE A LETRA H – h NOS VERSOS ABAIXO.

A hiena humorista

Era uma vez uma hiena humorista.
Era hilária e se chamava Helena.
Com seu humor, a hiena Helena
hipnotizava os habitantes
dos dois hemisférios. [...]

JONAS RIBEIRO. **ALFABÉTICO – ALMANAQUE DO ALFABETO POÉTICO.** SÃO PAULO: EDITORA DO BRASIL, 2015. P. 32.

h	H
h	H

CUBRA O TRACEJADO E CONTINUE ESCREVENDO A LETRA H – h

TERMINE DE DESENHAR AS PINTAS DA HIENA E CIRCULE A LETRA H – h

HIENA

hiena

COMPLETE OS NOMES COM A LETRA H.

___enrique   ___eloísa   ___ugo

CUBRA O TRACEJADO PARA COMPLETAR A FRASE.

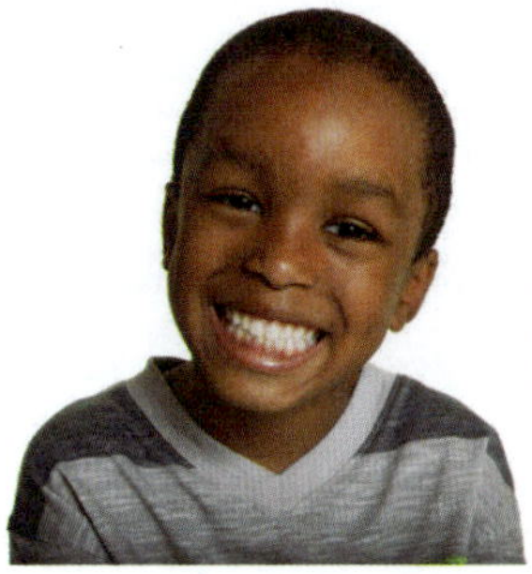

Heitor e Helena viram minhocas na horta da chácara.

QUE ANIMAL É ESTE? LIGUE OS PONTOS E PINTE A IMAGEM. DEPOIS, COMPLETE A PALAVRA.

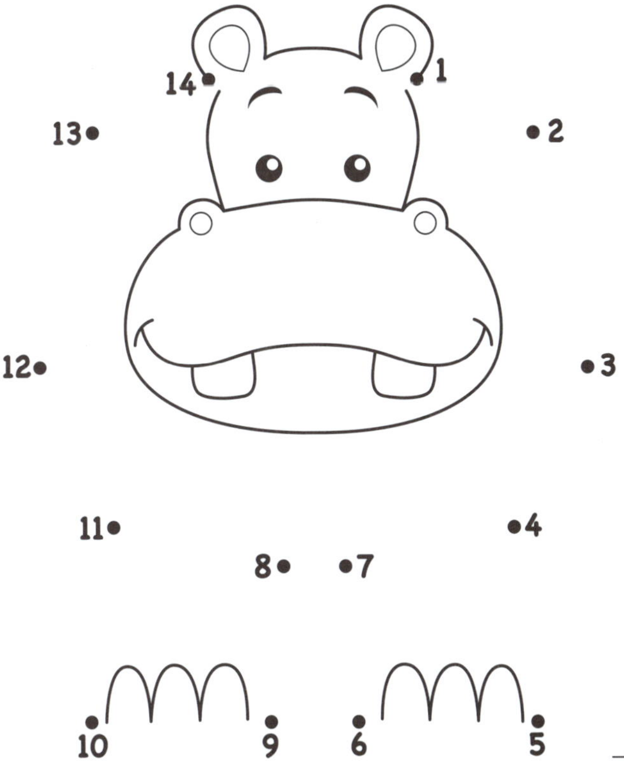

___ipopótamo

EM CADA QUADRO, CIRCULE A PALAVRA QUE CORRESPONDE À IMAGEM.

lagartixa helicóptero sapo	homem princesa cachorro
pássaro macaco hambúrguer	sapato harpa violão

CUBRA O TRACEJADO DAS LETRAS INICIAIS E COLE AS FIGURAS DA PÁGINA 193 NOS QUADROS CORRESPONDENTES.

abajur	casaco	forno
espanador	garfo	hortelã

COMPLETE AS PALAVRAS COM e OU f

___l___vador   al___in___t___   ___ilhot___

COMPLETE AS PALAVRAS COM g OU h

___orta   la___oa   ___otel

EM CADA LINHA, CIRCULE A ILUSTRAÇÃO CUJO NOME SE INICIA COM A LETRA INDICADA.

e		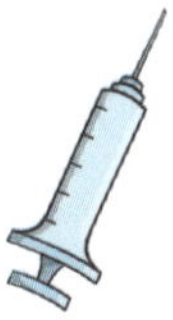	
f		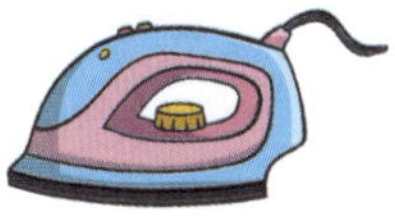	
g			
h	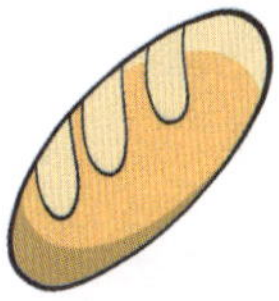		

I de Isabela, i de iguana

OUÇA A LEITURA DO POEMA E CIRCULE A LETRA *i* NO TEXTO.

> Se uma iguana imita
> outra iguana,
> nunca fica igual.
> E se uma iguana
> irrita outra iguana,
> uma fica irritante, a
> outra fica irritada.
>
> **JONAS RIBEIRO. ALFABÉTICO – ALMANAQUE DO ALFABETO POÉTICO. SÃO PAULO: EDITORA DO BRASIL, 2016. P. 33.**

i	I
i	*I*

CUBRA O TRACEJADO E CONTINUE ESCREVENDO A LETRA *I - i*

CUBRA O TRACEJADO DA LETRA *i*. DEPOIS, PINTE A IGUANA IGUAL À DA FOTOGRAFIA.

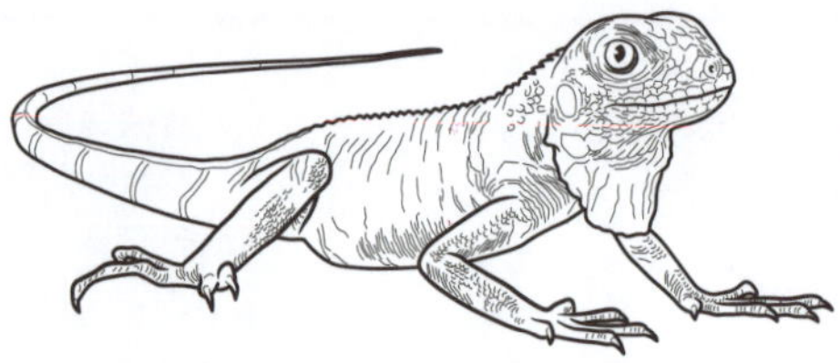

IGUANA

iguana

COMPLETE AS PALAVRAS COM A LETRA i

bo_i_   sapot_i_   ca_i_xa

fantas_i_a   _i_lha   _i_ô_i_ô

COMPLETE OS NOMES COM A LETRA I.

_Í_gor   _I_sabel   _I_van

CUBRA O TRACEJADO PARA COMPLETAR AS FRASES.

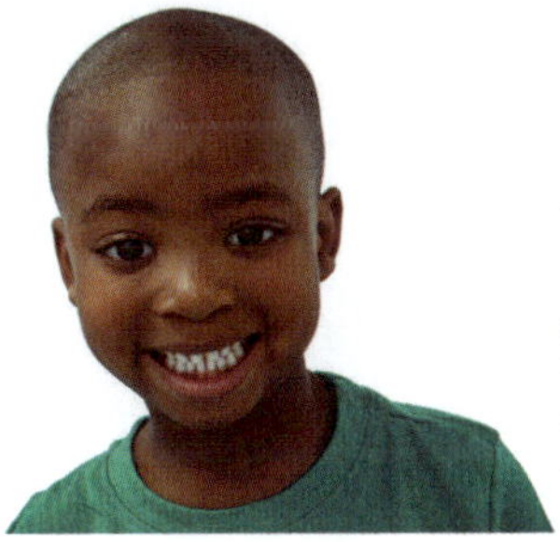

Ian e Isadora se divertem na piscina.
Minha irmã, Ísis, lê histórias para mim.

LIGUE AS IMAGENS ÀS PALAVRAS CORRETAS E CIRCULE AS QUE COMEÇAM COM A LETRA I.

ímã

galo

escola

igreja

CUBRA O TRACEJADO PARA COMPLETAR OS NOMES. DEPOIS, PINTE O NOME DE QUE VOCÊ MAIS GOSTA.

Guilherme   Beatriz   Camila

Iracema   Daniela   Humberto

VOCÊ CONHECE A LENDA DA IARA? DESENHE UM PENTE NA MÃO DELA E COMPLETE O NOME DA SEREIA COM I.

____ara

J de João, j de jacaré

PINTE A LETRA j NOS VERSOS ABAIXO.

> Eu conheço um jacaré
> Que gosta de comer.
> Escondam seus olhinhos
> Senão o jacaré
> Come seus olhinhos
> E o dedão do pé.
>
> **CANTIGA.**

j	J
j	J

CUBRA O TRACEJADO E CONTINUE ESCREVENDO A LETRA J - j

DESENHE OS DENTES DO JACARÉ E CIRCULE A LETRA J - j

JACARÉ

jacaré

COMPLETE OS NOMES COM A LETRA J.

___onas   ___orge   ___oana

COMPLETE AS PALAVRAS COM A LETRA j.

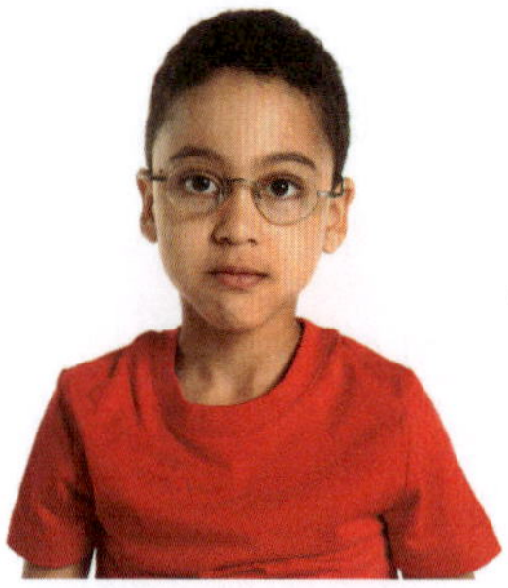

___oaninha 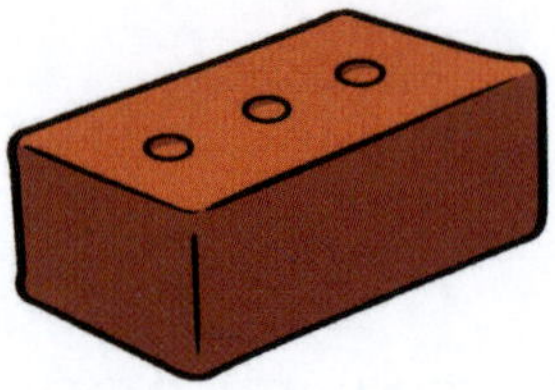   ti___olo    pi___ama

CUBRA O TRACEJADO. DEPOIS, DESTAQUE AS IMAGENS DA PÁGINA 201 E COLE-AS DE ACORDO COM AS FRASES.

1. Júlio brinca de jogo da memória.
2. Janaína já sabe lutar judô.

1	2

CIRCULE OS ANIMAIS CUJOS NOMES COMEÇAM COM A LETRA j.

jiboia    javali    camaleão

COMPLETE COM A LETRA INICIAL DAS PALAVRAS.

__gogô    __romedário    __erói

__scorpião    __rerê    __olfinho

VOCÊ CONHECE A HISTÓRIA **JOÃO E O PÉ DE FEIJÃO**? CUBRA O TRACEJADO E AJUDE JOÃO A SUBIR NA ÁRVORE. DEPOIS, COMPLETE O NOME DELE.

__oão

K de Kelly, k de kiwi

OUÇA A LEITURA DO TEXTO E PINTE A LETRA K - k

Kiwi, uma ave da Nova Zelândia

Você já ouviu falar em kiwi? Não, não estamos falando daquele fruto, e sim de um animalzinho encontrado na Nova Zelândia. O kiwi é uma pequena ave de bico longo e plumagem que se assemelha a pelos [...].

VANESSA S. DOS SANTOS. ESCOLA KIDS. DISPONÍVEL EM: HTTPS://ESCOLAKIDS.UOL.COM.BR/CIENCIAS/KIWI-UMA-AVE-DA-NOVA-ZELANDIA.HTM. ACESSO EM: JUL. 2019.

k	K
k	K

CUBRA O TRACEJADO E CONTINUE ESCREVENDO A LETRA K - k

OBSERVE A FOTO DO KIWI E COMPLETE O DESENHO. DEPOIS, CIRCULE A LETRA K - k NO NOME DELE.

KIWI

kiwi

48

COMPLETE OS NOMES COM A LETRA K.

__aren   __aila   __evin

COMPLETE AS PALAVRAS COM A LETRA k

s__ate   __arao__ê   __art

A AVE OU A FRUTA? CIRCULE TODAS AS LETRAS K – k NAS FRASES E LIGUE-AS ÀS IMAGENS.

O kiwi come minhocas.

Kauã ama comer kiwi.

ESCREVA A PRIMEIRA LETRA DE CADA IMAGEM.

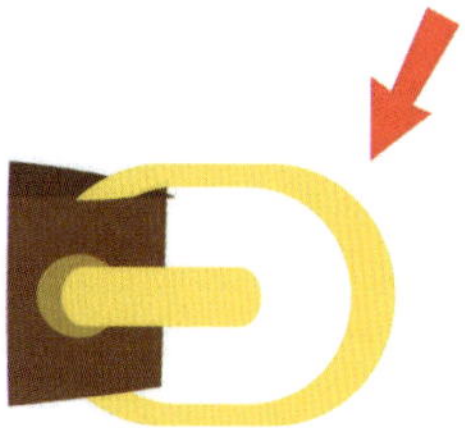

L de Lucas, l de leão

CIRCULE A LETRA l NOS VERSOS ABAIXO.

A juba é do leão...
Mas quem aproveita é a leoa,
se esfrega nela toda e dorme...
Eita cama boa!

RENATA BUENO. É SEMPRE ASSIM?
SÃO PAULO: EDITORA DO BRASIL, 2015. P. 9.

I	L
l	L

CUBRA O TRACEJADO E CONTINUE ESCREVENDO A LETRA L - l

COMPLETE AS PALAVRAS COM A LETRA l DEPOIS, DESTAQUE AS IMAGENS DA PÁGINA 201 E COLE-AS ACIMA DO NOME DOS ANIMAIS CORRESPONDENTES.

____eão   ____eoa

COMPLETE OS NOMES COM A LETRA L.

_aís   _úcio   _eonardo

COMPLETE AS PALAVRAS COM A LETRA l

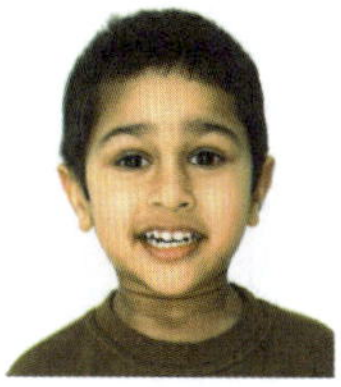

_eopardo   _ince

_obo   _ebre

CUBRA O TRACEJADO E CIRCULE A IMAGEM QUE REPRESENTA A FRASE.

Luiz toma suco de laranja no lanche.

PINTE A PALAVRA QUE CORRESPONDE À IMAGEM.

| lâmpada / navio / sopa | óculos / laço / calça |
| leite / uva / morango | luva / nariz / papagaio |

COMPLETE COM A LETRA INICIAL DAS PALAVRAS.

___arra    ___etchup    ___upa

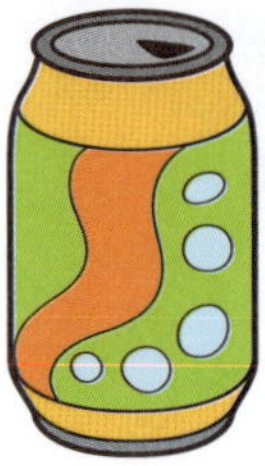

___ata    ___ipe 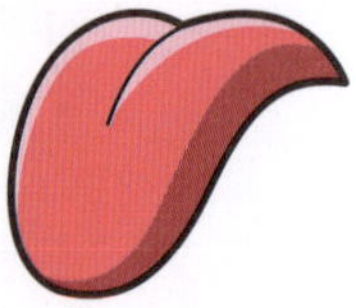   ___íngua

LEIA AS PALAVRAS E PINTE AS LETRAS DE ACORDO COM A LEGENDA.

i j k l

ilha  livro  karatê

janela  milk-shake  televisão

abajur 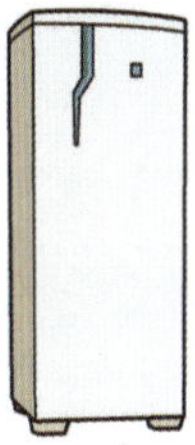 geladeira  iglu

DESTAQUE AS IMAGENS DA PÁGINA 193 E COLE-AS NOS LUGARES CORRETOS.

i	j	l

M de Mariana, m de macaco

OUÇA A LEITURA DO DITADO POPULAR E PINTE A LETRA M NO TEXTO.

> Macaco senta no próprio rabo
> E fica rindo do rabo dos outros.
>
> **DITADO POPULAR.**

m	M
m	M

CUBRA O TRACEJADO E CONTINUE ESCREVENDO A LETRA M – m.

m

m

CIRCULE O RABO QUE PERTENCE AO MACACO. DEPOIS, CUBRA O TRACEJADO.

MACACO

macaco

COMPLETE OS NOMES COM A LETRA m.

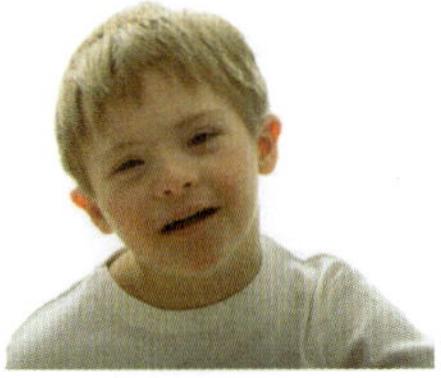

__arcos

__eire

__urilo

COMPLETE AS PALAVRAS COM A LETRA m

__ochila

ca__a

__ico

__enino

__a__ão

__ula

PINTE APENAS AS FIGURAS CUJOS NOMES COMEÇAM COM A LETRA m.

minhoca

laranja

morango

carrinho

moeda

meia

CUBRA O TRACEJADO PARA COMPLETAR A FRASE.

Mônica e Marcelo gostam muito de comer maçã e manga de sobremesa.

CIRCULE A LETRA m E LIGUE AS PALAVRAS ÀS IMAGENS.

melão   camiseta   mão   bombom

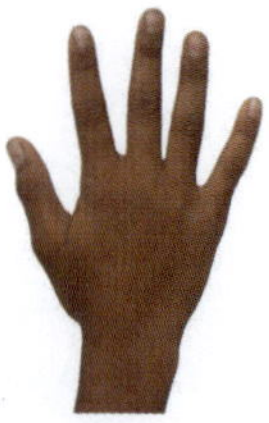

COMPLETE AS PALAVRAS COM AS LETRAS QUE FALTAM.

___oto    ___arro    ___ilho

ca___ea___o    ___ubá 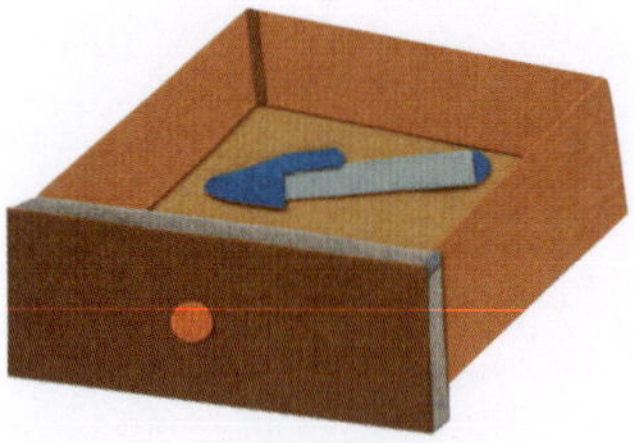   ___aveta

N de Nicolas, n de neon

OUÇA A LEITURA DO TEXTO E CIRCULE A LETRA n NOS VERSOS ABAIXO.

> O neon é um peixe colorido e divertido que não gosta de viver sozinho. Ele nada com pelo menos mais dez amigos na água doce do rio.
>
> **TEXTO ESCRITO ESPECIALMENTE PARA ESTA OBRA.**

n	N
n	n

CUBRA O TRACEJADO E CONTINUE ESCREVENDO A LETRA n – n.

O NEON NÃO GOSTA DE FICAR SOZINHO. DESENHE E PINTE OUTROS PEIXINHOS. DEPOIS, CIRCULE A LETRA N – n.

NEON

neon

COMPLETE OS NOMES COM A LETRA N.

_atália   _estor   _icole

COMPLETE AS PALAVRAS COM A LETRA m.

_avio   ca_udo   _ariz

bo_eca   _uvem   _i_ho

PINTE A LETRA N – m NAS FRASES ABAIXO.

Neide e Noah não comem cenoura nem nabo.
Nair e Nádia não sabem nadar.

PINTE APENAS AS FIGURAS CUJOS NOMES COMEÇAM COM m.

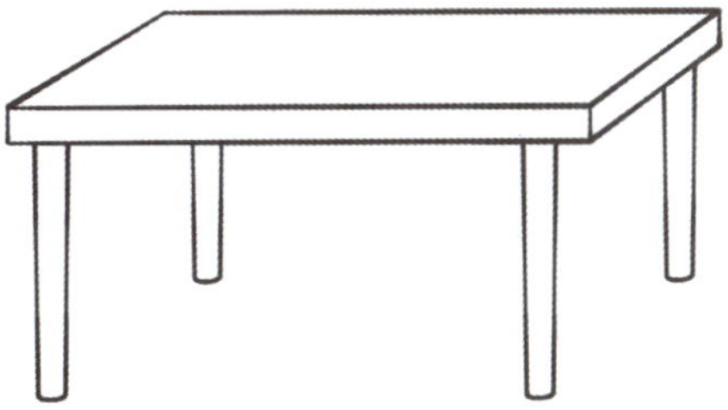

mesa    novelo    canoa

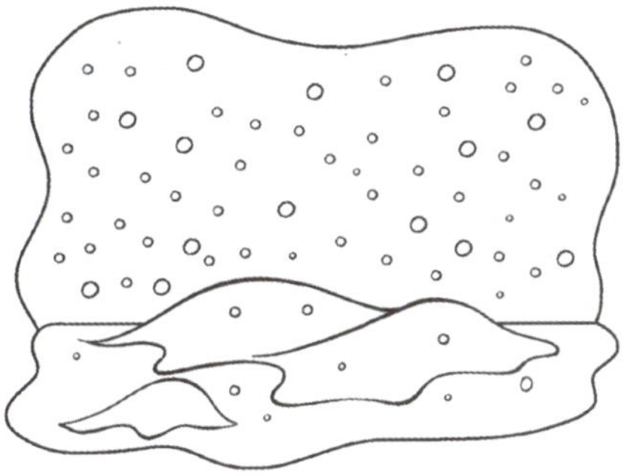

neve 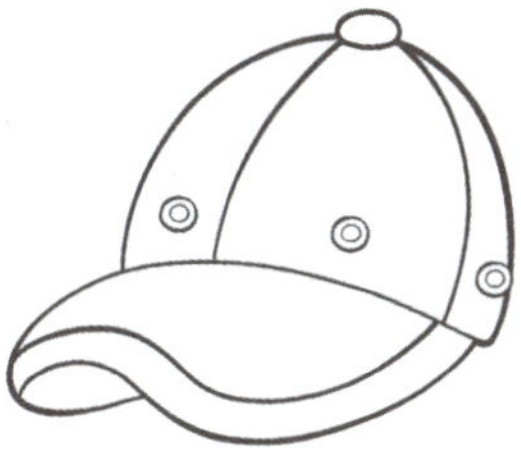   boné    nabo

COMPLETE AS PALAVRAS COM A LETRA INICIAL.

___oiva    ___anco    ___asa

___elancia 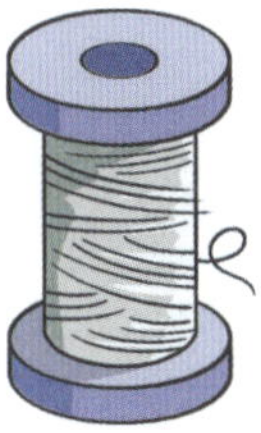   ___inha    ___aiola

O de Olívia, o de ovelha

OUÇA A LEITURA DA QUADRINHA E CIRCULE A LETRA o NOS VERSOS DELA.

> Sou uma ovelha macia e graciosa,
> bem quentinha é minha lã.
> Vivo livre pelos pastos
> na companhia de minhas irmãs!
>
> **TEXTO ESCRITO ESPECIALMENTE PARA ESTA OBRA.**

o	O
o	O

CUBRA O TRACEJADO E CONTINUE ESCREVENDO A LETRA O - o.

CUBRA O TRACEJADO E PINTE O PELO DA OVELHA. DEPOIS, CIRCULE A LETRA O - o.

OVELHA

ovelha

COMPLETE OS NOMES COM A LETRA O.

___távio ___lga ___mar

COMPLETE AS PALAVRAS COM A LETRA o.

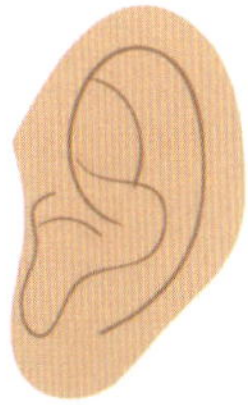

___relha  ___ca ___ss___

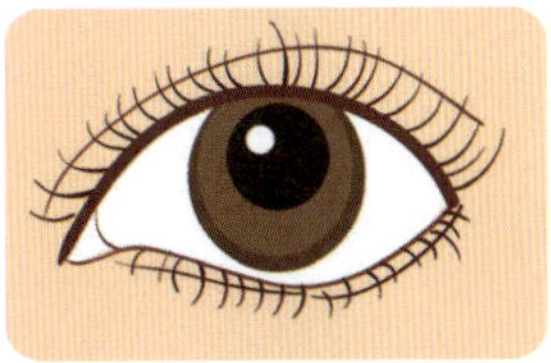

___lh___  ___v___  ___stra

MARQUE UM X NAS FIGURAS CUJOS NOMES COMEÇAM COM A LETRA o.

orangotango  peixe  onça

toalha  ônibus  mangaba

CUBRA O TRACEJADO DA LETRA O – o NA FRASE ABAIXO E CIRCULE A IMAGEM QUE REPRESENTA A FRASE.

Oto usa óculos escuros nos dias ensolarados.

COMPLETE AS PALAVRAS COM o, DESTAQUE AS FIGURAS DA PÁGINA 195 E COLE-AS NOS LOCAIS CORRESPONDENTES.

b_i   c_p   sapat_

LIGUE AS PALAVRAS QUE COMEÇAM COM A MESMA LETRA.

moeda   ouriço

noite   maiô

onda   nave

P de Paulo, p de passarinho

OUÇA A LEITURA DO TRAVA-LÍNGUA E PINTE A LETRA P – p NO TEXTO.

Passa passa passarás
Passarinho passarinheiro
Passa passamanaria
Passarinho passageiro

ROSINHA. ABC DO TRAVA-LÍNGUA. SÃO PAULO: EDITORA DO BRASIL, 2012. P. 19.

p	P
p	P

CUBRA O TRACEJADO E CONTINUE ESCREVENDO A LETRA P – p

PINTE A FIGURA E CIRCULE A PRIMEIRA LETRA DA PALAVRA.

PASSARINHO

passarinho

COMPLETE OS NOMES COM A LETRA P.

___edro   ___aula   ___oliana

CUBRA O TRACEJADO DA LETRA P - p NAS FRASES ABAIXO.

A) Patrícia foi comprar pó de café.

B) O palhaço empina pipa e toca piano.

C) Felipe pediu pipoca ao pai.

EM CADA QUADRO, CIRCULE A PALAVRA QUE CORRESPONDE À IMAGEM.

batom	mato
pena	tubarão
caneca	pato

besouro	panela
serpente	mapa
peixe	capa

COMPLETE AS PALAVRAS COM A LETRA p

__ente 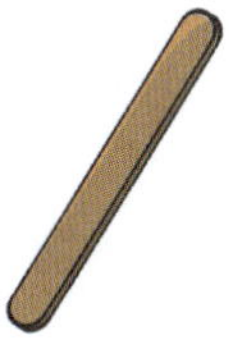   __alito    __ulga

ta__ete    re__olho 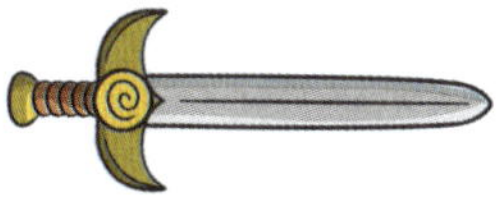   es__ada

CIRCULE APENAS AS PALAVRAS QUE COMEÇAM COM A LETRA p

panda 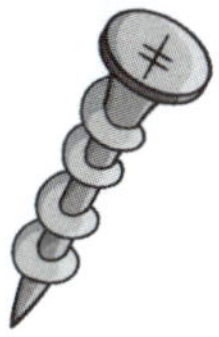   parafuso    martelo

patinete    funil    pirulito

VOCÊ CONHECE A HISTÓRIA **PEDRO E O LOBO**?

PINTE O PERSONAGEM E CUBRA O TRACEJADO DA LETRA INICIAL DE SEU NOME.

PEDRO
Pedro

65

LIGUE OS NOMES QUE COMEÇAM COM A MESMA LETRA.

Pâmela				Otávio

Nádia				Paulo

Oto				Nelson

Marcos				Marisa

SUBSTITUA AS IMAGENS PELAS LETRAS DE ACORDO COM A LEGENDA E DECIFRE AS PALAVRAS.

| m ✋  | n 👃 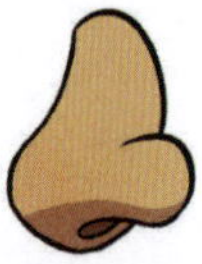 | o 👁 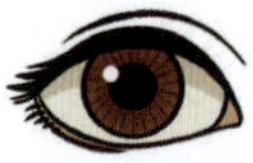 | p 🦶 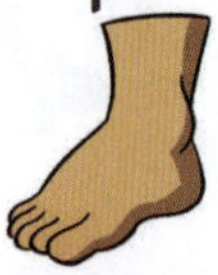 |

___ acarrã 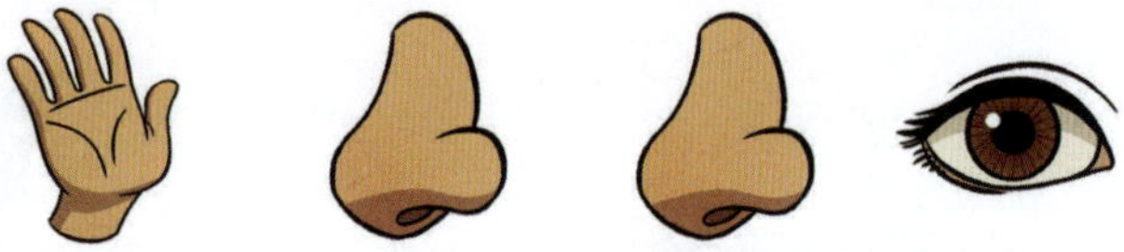 ___   ___ e ___ i ___

___ ia 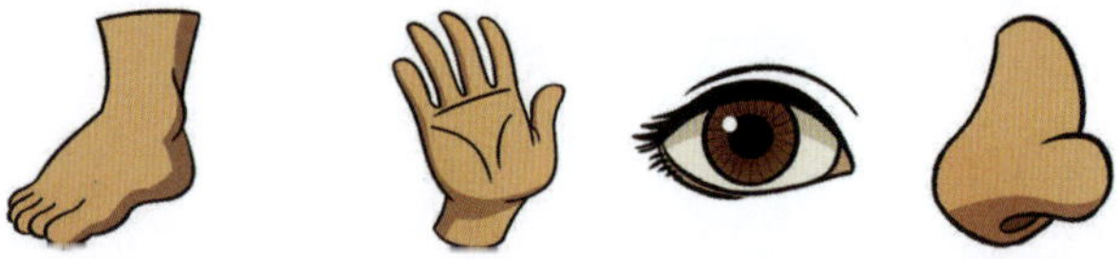   ___ a ___   ___ ha

___ isci ___ a 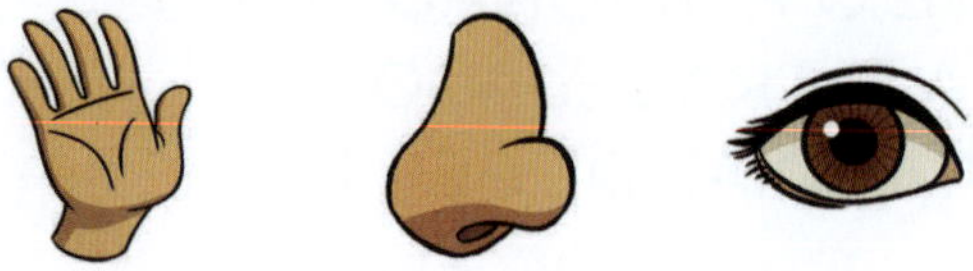   ___ u ___ d

Q de Quincas, q de quati

OUÇA A LEITURA DO TEXTO E CIRCULE A LETRA q NOS VERSOS.

O quati também é chamado de "tamanduá palito" e está decidido a aceitar isso como um novo apelido.

TEXTO ESCRITO ESPECIALMENTE PARA ESTA OBRA.

q	Q
q	Q

CUBRA O TRACEJADO E CONTINUE ESCREVENDO A LETRA Q – q.

PINTE A FIGURA E CUBRA O TRACEJADO DA LETRA INICIAL DE SEU NOME.

QUATI

quati

67

COMPLETE OS NOMES COM A LETRA Q.

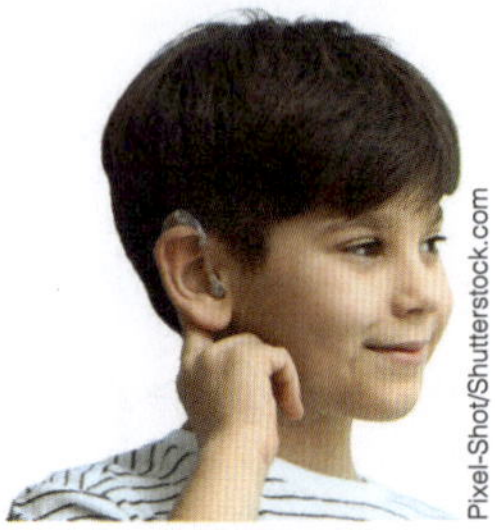

___uirino   ___uitéria   ___ueila

COMPLETE AS PALAVRAS COM A LETRA q.

___ueijo   ___uadro   bi___úni

peri___uito   ___uindim   a___uarela

LIGUE OS PONTOS SEGUINDO A ORDEM ALFABÉTICA E CUBRA O TRACEJADO DO NOME DESTE ANIMAL. DEPOIS, PINTE A IMAGEM.

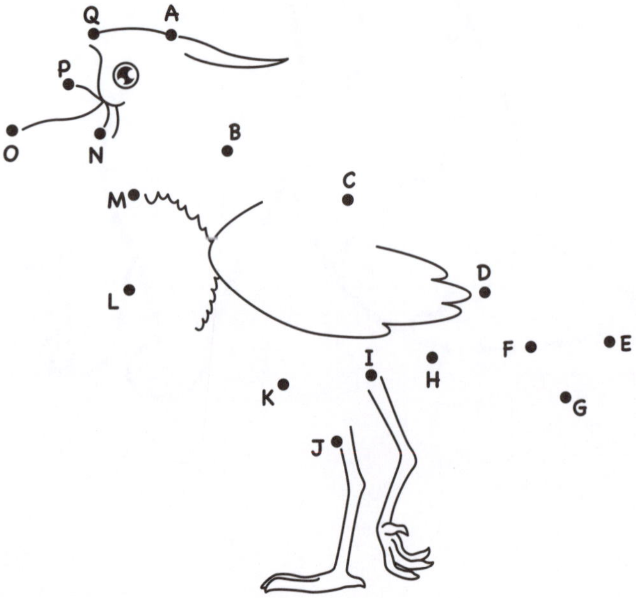

quero-quero

PINTE APENAS AS FIGURAS CUJO NOME COMEÇA COM A LETRA q.

quatro

queijo

coelho

vaso

colher

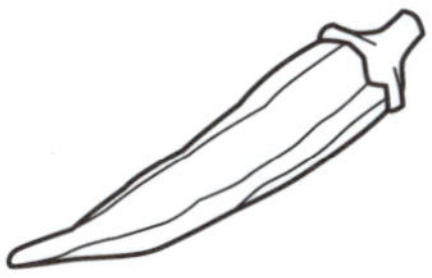

quiabo

COMPLETE AS PALAVRAS COM A LETRA QUE FALTA.

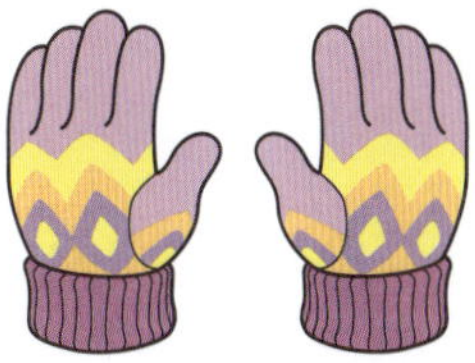

__uvas

__inguim

__orcego

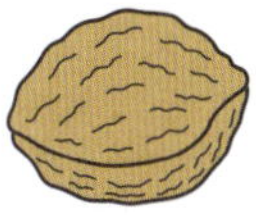

__oz

__ita

__amasco

__élice

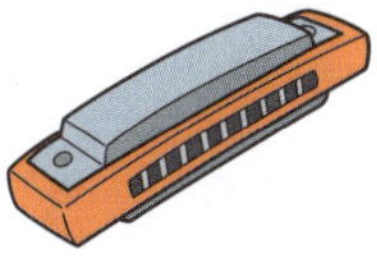

__aita

__arraca

R de Roseli, r de rato

CIRCULE A LETRA R – r NO TRAVA-LÍNGUA ABAIXO.

O rato roqueiro e as rosquinhas recheadas

[...] Uma vez, o rato Rui rondava o rodapé do refeitório real e recebeu do Rei Reinaldo duas rosquinhas recheadas com requeijão. Rui ficou radiante com tanto recheio, tanto requeijão. [...]

JONAS RIBEIRO. ALFABÉTICO – ALMANAQUE DO ALFABETO POÉTICO. SÃO PAULO: EDITORA DO BRASIL, 2015. P. 60.

r	R
r	R

CUBRA O TRACEJADO E CONTINUE ESCREVENDO A LETRA R – r.

PINTE AS ROSQUINHAS DO RATO E CIRCULE A PRIMEIRA LETRA DE SEU NOME.

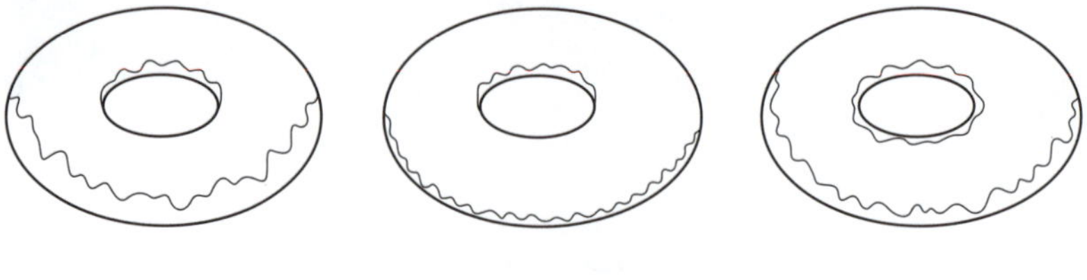

RATO

rato

COMPLETE OS NOMES COM A LETRA R.

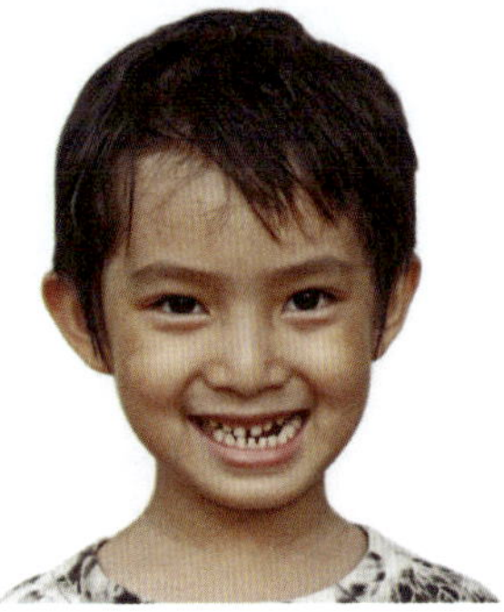

_afael   _oberta   _enato

COMPLETE AS PALAVRAS COM A LETRA R.

ga_ça   _obô   a_a_a

_égua   baila_ina   _isada

MARQUE COM UM X AS FIGURAS CUJOS NOMES COMEÇAM COM A LETRA R.

relógio    amora    rádio    raposa

urubu 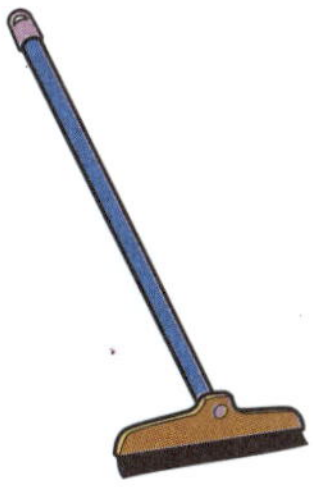   rodo    pirulito    roupa

CUBRA OS TRACEJADOS DA LETRA R – r. DEPOIS, CIRCULE DE **AZUL** OS NOMES PRÓPRIOS.

Raíssa   Renan   coroa   roda

CIRCULE A LETRA R – r NAS FRASES ABAIXO E LIGUE-AS ÀS IMAGENS.

Rodrigo brinca de carrinho com Raquel.

O rodo e a vassoura estão atrás da porta.

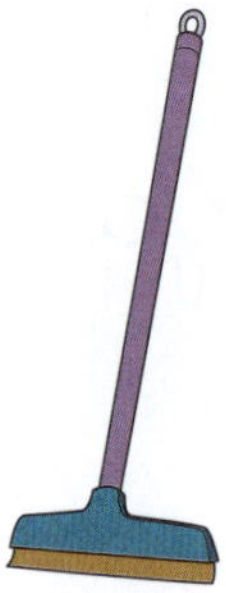

ESCREVA A LETRA INICIAL DE CADA IMAGEM.

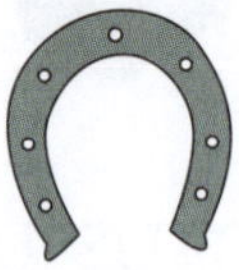

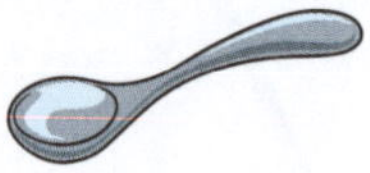

S de Susana, s de sapo

PINTE A LETRA S - s NOS VERSOS ABAIXO.

Sabiá sambou com o sapo
Lá na sombra do sobrado
O saci enciumado
Ensaboou o salão
Sapo levou um sopapo
Sabiá caiu no chão.

ROSINHA. ABC DO TRAVA-LÍNGUA.
SÃO PAULO: EDITORA DO BRASIL, 2012. P. 22.

s	S
s	S

CUBRA O TRACEJADO E CONTINUE ESCREVENDO A LETRA S - s

PINTE A FIGURA E RELACIONE CADA ANIMAL COM SEU NOME.

sabiá

sapo

BRINCANDO COM ARTE

VAMOS FAZER UM FANTOCHE DE SAPO? DESTAQUE E PINTE O MOLDE DA PÁGINA 203 E SIGA AS ORIENTAÇÕES DO PROFESSOR.

COMPLETE OS NOMES COM A LETRA S.

___ônia   ___érgio   ___ueli

CIRCULE A LETRA S NAS FRASES.

A salada de frutas estava saborosa.
O sagui subiu na árvore.

EM CADA QUADRO, CIRCULE A PALAVRA QUE CORRESPONDE À IMAGEM.

| banco suco cozinha  | sapato caderno martelo  |
| quadro saia ímã  | rato bambu sino  |

COMPLETE AS PALAVRAS COM A LETRA s.

va_s_o   te_s_oura   lou_s_a

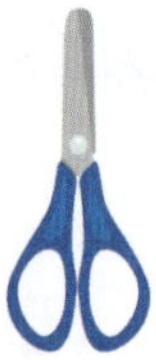

_s_abonete   _s_unga   _s_opa

PINTE AS PALAVRAS DE ACORDO COM A LETRA INICIAL INDICADA NA LEGENDA.

c 🟥   f 🟨   m 🟦   p 🟪   r 🟩

pulga	casa	rosa	mochila
faca	palito	mosca	rabo

VOCÊ CONHECE A LENDA DO SACI-PERERÊ? PINTE O PERSONAGEM E, DEPOIS, CUBRA O TRACEJADO DA LETRA INICIAL DO NOME DELE.

SACI

Saci

T de Tomas, t de tatu

OUÇA A LEITURA DO POEMA E CIRCULE A LETRA T - t NOS VERSOS ABAIXO.

[...]
O tatu todo tinhoso
Tramou com a trupe da praça.
A truta, o tigre e a traça
Não acharam a menor graça.

ROSINHA. **ABC DO TRAVA-LÍNGUA.**
SÃO PAULO: EDITORA DO BRASIL, 2012. P. 14.

t	T
t	T

CUBRA O TRACEJADO E CONTINUE ESCREVENDO A LETRA T - t.

CUBRA O TRACEJADO E RELACIONE CADA ANIMAL A SEU NOME.

tatu

tigre

COMPLETE OS NOMES COM A LETRA T.

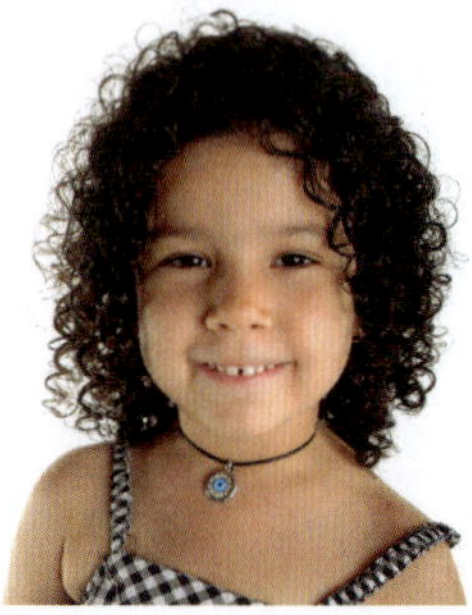

___atiana   ___iago   ___ales

CUBRA O TRACEJADO E PINTE AS FIGURAS.

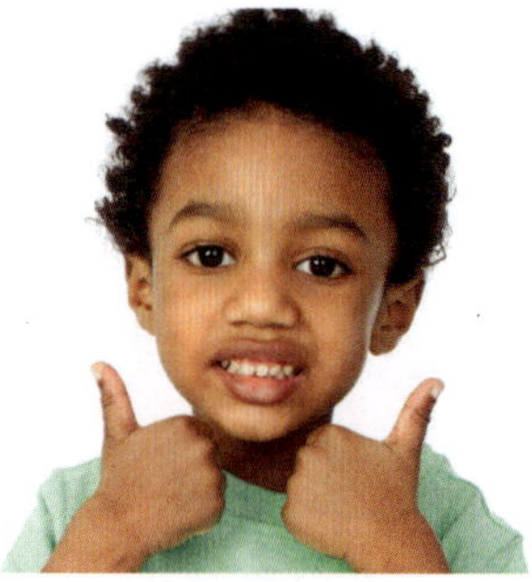

teia 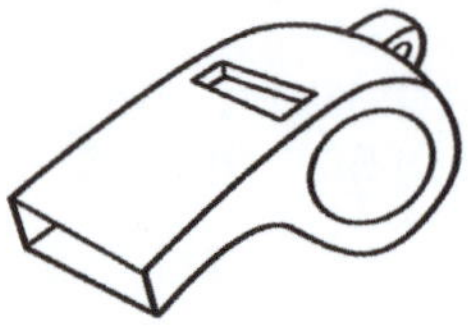   apito    bota

bateria    tomate    tartaruga

MARQUE UM **X** NAS FIGURAS CUJOS NOMES COMEÇAM COM A LETRA t

PINTE A LETRA T - t NAS FRASES ABAIXO.

Teodoro trabalha consertando telefones.

O tubarão tem dentes gigantes.

COMPLETE AS PALAVRAS COM A LETRA t DEPOIS, DESTAQUE AS IMAGENS DA PÁGINA 199 E COLE-AS NOS QUADROS.

_tomada   _tapete   _ta_turana

PINTE OS DESENHOS E ESCREVA A PRIMEIRA LETRA DE CADA UM.

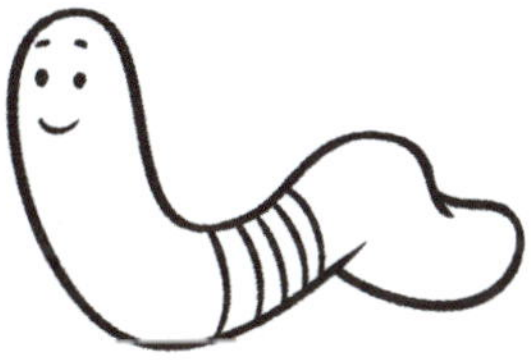

COMPLETE AS PALAVRAS COM A LETRA t

_tulipa   _tesoura   cane_ta

pa_tine_te   de_te_tive   _tamanduá

COMPLETE AS PALAVRAS COM q E r.

____uimono   a____uá____io   co____ui____o

COMPLETE AS PALAVRAS COM s E t.

____erro____   ____apa____o   ____elevi____ão

EM CADA LINHA, CIRCULE A ILUSTRAÇÃO CUJO NOME SE INICIA COM A LETRA INDICADA.

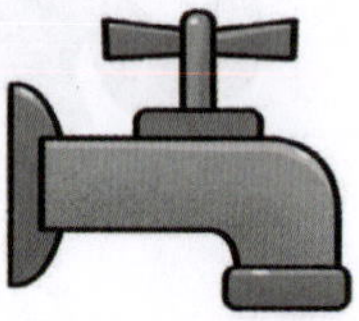

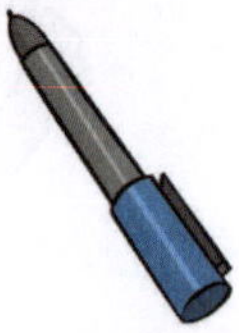

U de Úrsula, u de urubu

OUÇA A LEITURA E CIRCULE A LETRA u NO TEXTO.

Os urubus são capazes de realizar voos planados por grandes áreas gastando pouca energia. Possuem olfato e visão bem desenvolvidos e adoram comer resto de animais mortos, por isso ajudam na limpeza da natureza.

FONTE DE PESQUISA: HTTPS://MUNDOEDUCACAO.BOL.UOL.COM.BR/BIOLOGIA/URUBU.HTM. ACESSO EM: JUL. 2019.

u	U
u	U

CUBRA O TRACEJADO E CONTINUE ESCREVENDO A LETRA U - u

PINTE A FIGURA E CUBRA O TRACEJADO.

URUBU

urubu

COMPLETE OS NOMES COM A LETRA u.

__lisses   __iara   __riel

COMPLETE AS PALAVRAS COM A LETRA u E PINTE AS IMAGENS.

__va   cang__r__   __rso

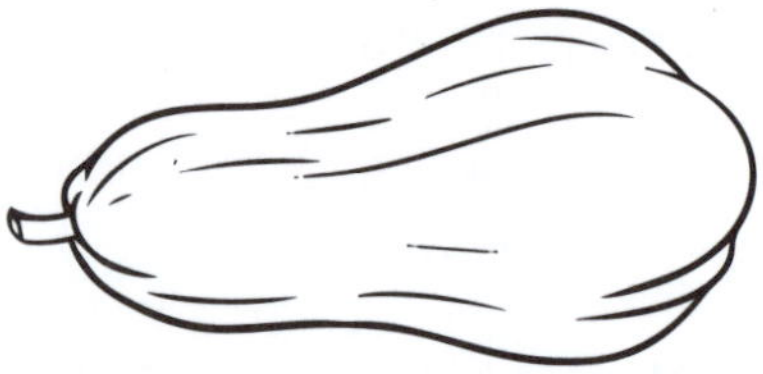

cor__ja   jab__ti   ch__ch__

LIGUE CADA PALAVRA À IMAGEM CORRESPONDENTE. DEPOIS, PINTE AS PALAVRAS QUE CONTENHAM A LETRA u.

baú

unicórnio

mala

boia

82

V de Vinícius, v de vaca

OUÇA A LEITURA DO POEMA E PINTE A LETRA V - v NO TEXTO.

Como tem vale-transporte e vale-refeição, Dona Vaca-Leiteira vai visitar uma ovelha vereadora no povoado vizinho. [...]

JONAS RIBEIRO. **ALFABÉTICO – ALMANAQUE DO ALFABETO POÉTICO.** SÃO PAULO: EDITORA DO BRASIL, 2015. P. 73.

v	V
v	V

CUBRA O TRACEJADO E CONTINUE ESCREVENDO A LETRA V - v.

TERMINE DE DESENHAR AS MANCHAS DA VACA E CIRCULE A LETRA V - v.

VACA

vaca

COMPLETE OS NOMES COM A LETRA V.

__anessa   __ítor   __era

COMPLETE AS PALAVRAS COM A LETRA v.

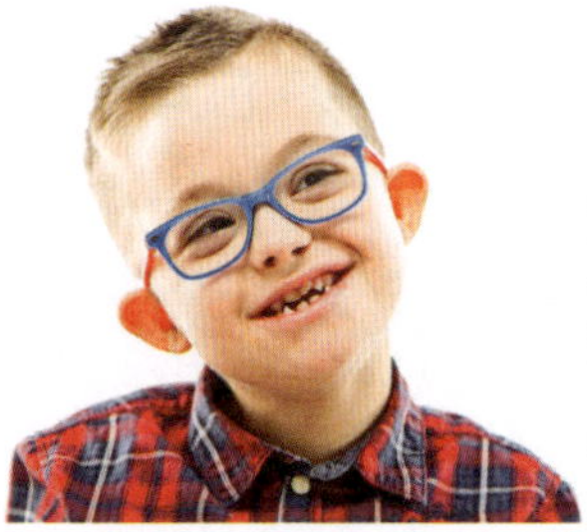

o__o    sor__ete    __entilador

ca__alo    __iolão    __ulcão

MARQUE UM X NAS IMAGENS CUJOS NOMES COMEÇAM COM A LETRA v.

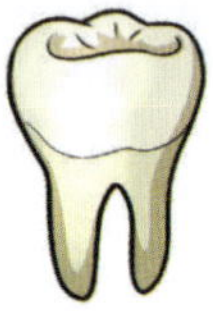

dente    vassoura 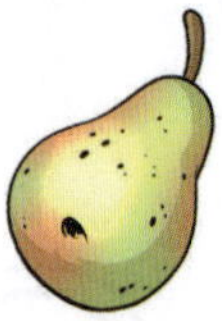   pera

vestido    violino    capa

W de Wilson, w de wallaby

LEIA O TEXTO E CIRCULE A LETRA w.

O wallaby parece um canguru, mas eles são de espécies diferentes. O wallaby é menor, mas também dá saltos e chutes poderosos!
É um animal tímido e curioso, que dorme durante o dia e sai para se alimentar à noite.

FONTE: HTTPS://MEUSANIMAIS.COM.BR/WALLABY-CONHECA-ESSE-MARSUPIAL. ACESSO EM: JUL. 2019.

w	W
w	W

CUBRA O TRACEJADO E CONTINUE ESCREVENDO A LETRA W - w.

CIRCULE COM CANETINHA HIDROCOR O FILHOTE DO WALLABY. DEPOIS, CUBRA O TRAÇADO DA LETRA W - w.

WALLABY

wallaby

COMPLETE OS NOMES COM A LETRA W.

__esley   __endy   __iliam

COMPLETE AS PALAVRAS COM A LETRA W – w. DEPOIS, CIRCULE DE **VERMELHO** OS NOMES PRÓPRIOS.

do__nload    bro__nie    __allace

__affles    __aleska 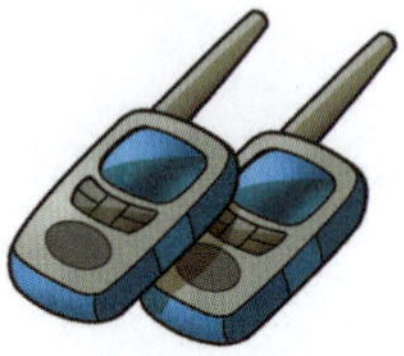   __alk-talk

PINTE A LETRA W – w NA FRASE ABAIXO.

Wellington é web designer e adora praticar windsurfe.

DESEMBARALHE AS TECLAS DO COMPUTADOR E DESCUBRA AS PALAVRAS.

A C N E A T   A E L C R L U

_____   _____

CUBRA O TRACEJADO E PINTE DE **AMARELO** OS NOMES MASCULINOS E DE **VERDE** OS NOMES FEMININOS.

Úrsula

Wesley

Vicente

Vânia

Uriel

Wilton

COMPLETE AS PALAVRAS COM u OU v.

per____

____agem

____nha

____iola

____rso

____aga-lume

LIGUE AS PALAVRAS QUE COMEÇAM COM A MESMA LETRA.

uniforme

Wendel

varal

vegetal

Wagner

umbu

X de Ximena, x de xexéu

OUÇA A LEITURA DO TEXTO E CIRCULE A LETRA x.

O xexéu é um passarinho muito talentoso! Quando ele canta parece um coro de passarinhos. Isso porque ele consegue cantar em vários tons diferentes.

FONTE: HTTP://FAUNAEFLORA.TERRADAGENTE.G1.GLOBO.COM/FAUNA/AVES/NOT,0,0,1223382,XEXEU.ASPX. ACESSO EM: JUL. 2019.

x	X
x	X

CUBRA O TRACEJADO E CONTINUE ESCREVENDO A LETRA X - x.

PINTE A FIGURA DE ACORDO COM A LEGENDA.

XEXÉU

xexéu

COMPLETE OS NOMES COM A LETRA X.

___ênia   ___avier   ___ayane

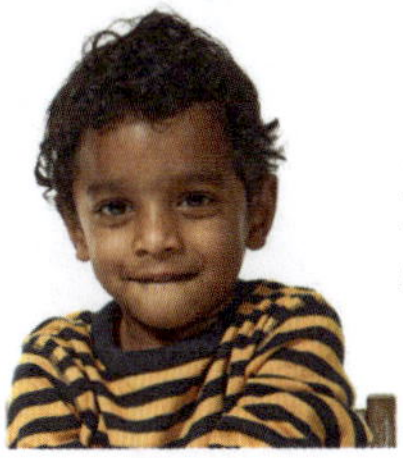

CUBRA O TRACEJADO DA LETRA X - x NA FRASE E CIRCULE A IMAGEM QUE A REPRESENTA.

Xavier gosta de tocar xilofone.

COMPLETE AS PALAVRAS COM A LETRA x.

___arope   ___ícara   li___o

PINTE OS DESENHOS E ESCREVA A PRIMEIRA LETRA DO NOME DE CADA UM.

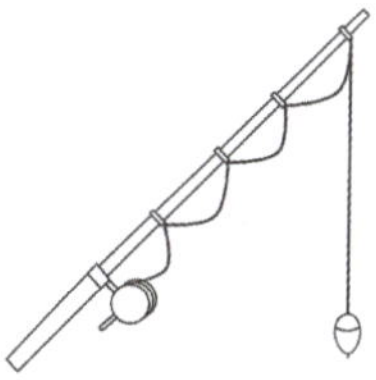

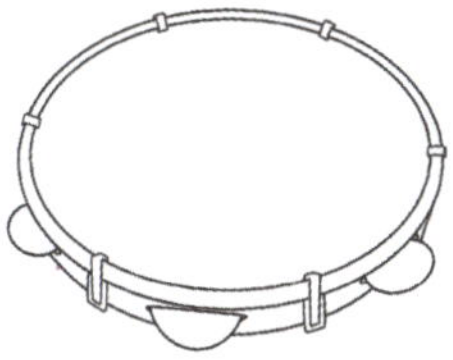

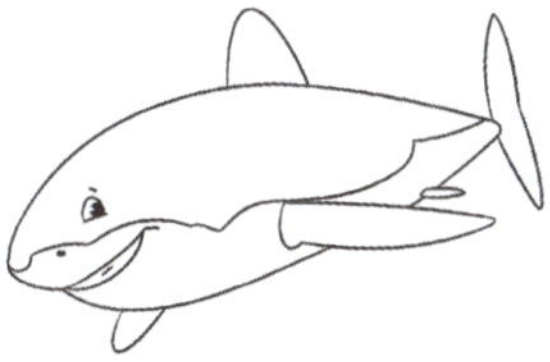

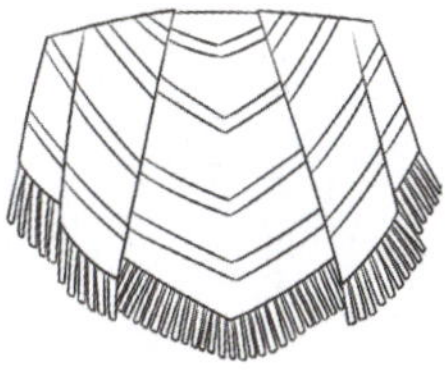

Y de Yuri, y de yorkshire

OUÇA A LEITURA DOS VERSOS E PINTE A LETRA Y - y NO TEXTO.

Yuri tem um bichinho de estimação.
Seu cãozinho yorkshire é divertido de montão!

TEXTO ESCRITO ESPECIALMENTE PARA ESSA OBRA.

y	Y
y	Y

CUBRA O TRACEJADO E CONTINUE ESCREVENDO A LETRA Y - y.

OBSERVE A FOTOGRAFIA E PINTE O YORKSHIRE DE ACORDO COM ELA. DEPOIS, CIRCULE A LETRA Y - y

YORKSHIRE

yorkshire

ESCREVA A LETRA y NOS NOMES ABAIXO.

___uri   ___ago   ___olanda

EM CADA QUADRO, PINTE A PALAVRA CORRESPONDENTE À IMAGEM.

armário
yakisoba
cobertor

yoga
cama
parafuso

alicate
cabelo
yorkshire

Yakult
saco
abacate

CUBRA O TRACEJADO DA LETRA Y - y E CIRCULE A IMAGEM QUE REPRESENTA A FRASE.

Yasmim tem um cão da raça yorkshire chamado Yves.

Z de Zeni, z de zebra

OUÇA A LEITURA DO TEXTO E CIRCULE A LETRA z.

A zebra é branca de listras pretas ou preta de listras brancas?

TRAVA-LÍNGUA.

z	Z
z	Z

CUBRA O TRACEJADO E CONTINUE ESCREVENDO A LETRA Z - z.

DESENHE UM CENÁRIO PARA A ZEBRA. DEPOIS, CIRCULE A LETRA Z - z.

ZEBRA

zebra

ESCREVA A LETRA z NOS NOMES ABAIXO.

___oé   ___eca   ___ara

CUBRA O TRACEJADO.

Zenaide está ouvindo o zumbido do zangão.

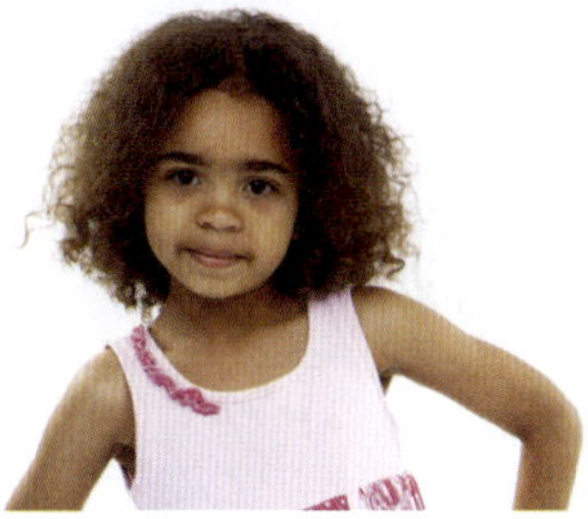

COMPLETE AS PALAVRAS COM A LETRA z.

___ero   a__ulejo   a__eitona

MARQUE COM UM X AS FIGURAS CUJOS NOMES COMEÇAM COM A LETRA z.

suco    alicate    jacaré

boné 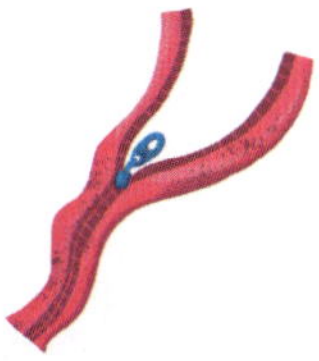   zíper    zoológico

93

LIGUE AS PALAVRAS QUE COMEÇAM COM AS MESMAS LETRAS. DEPOIS, PINTE DE **LARANJA** OS NOMES DE PESSOA.

zebra

xícara

xilofone

zabumba

Yasmin

Yan

EM CADA LINHA, CIRCULE A IMAGEM CUJO NOME COMEÇA COM A LETRA INDICADA.

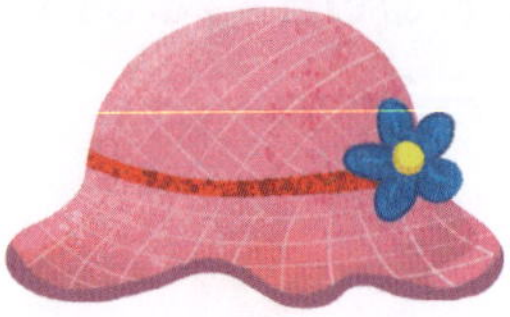

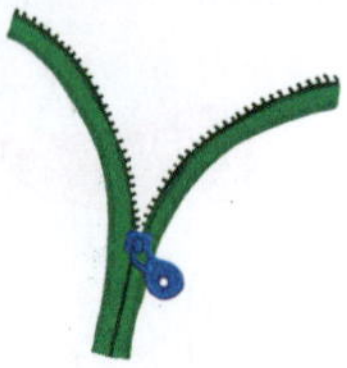

BRINCANDO COM POEMA

OUÇA A LEITURA DO POEMA E PINTE OS NOMES PRÓPRIOS

Nome esquisito

Tenho um nome esquisito
Bem difícil de falar
Toda vez que alguém pergunta
Eu preciso soletrar.

Por que não me chamo Lucas,
Bruno, Pedro ou Marcelo?
Os meus pais me deram um nome
Que só eles acham belo.
[...]

L, O, M...

CÉSAR OBEID. **CRIANÇA POETA – QUADRAS, CORDÉIS E LIMERIQUES.** SÃO PAULO: EDITORA DO BRASIL, 2011. P. 18.

COMO É SEU NOME? ESCREVA-O ABAIXO.

ESCREVA AS CONSOANTES DE SEU NOME.

ESCREVA AS VOGAIS DE SEU NOME.

COMPLETE AS PALAVRAS COM a, b, c OU d.

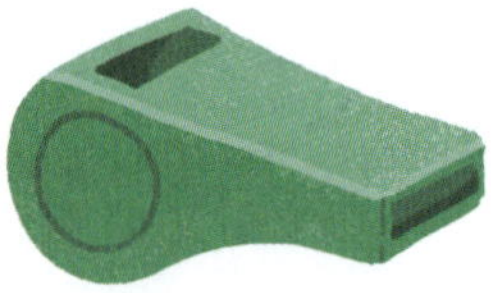

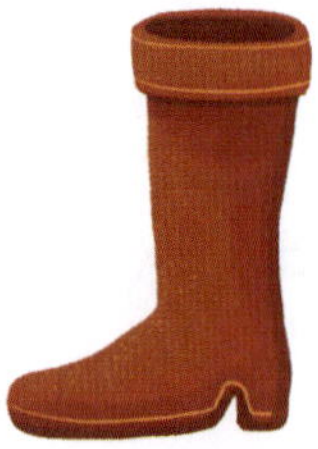

__coroa   __apito   __bota   __dado

COMPLETE AS PALAVRAS COM f, g, h OU i, DEPOIS, LIGUE-AS ÀS IMAGENS.

__igreja

__folha

__gaiola

__hospital

COMPLETE AS PALAVRAS COM j, k, l OU m E PINTE AS IMAGENS

__laço   __jipe   __kart   __mola

COMPLETE AS PALAVRAS COM m, o OU p. DEPOIS, OBSERVE A LETRA INICIAL DE CADA UMA E PINTE AS IMAGENS DE ACORDO COM A LEGENDA.

m ▢   o ▢   p ▢

___stra 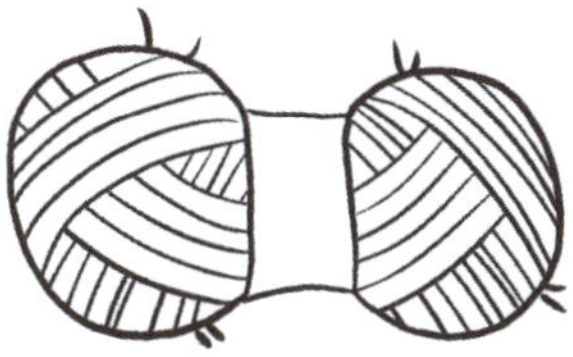   ___ovelo    ___eteca

COMPLETE AS PALAVRAS COM q, r, s OU t.

___errote   ___ueijo   ___oda   ___igre

COMPLETE AS PALAVRAS COM u, v, w, x, y OU z.

___ale 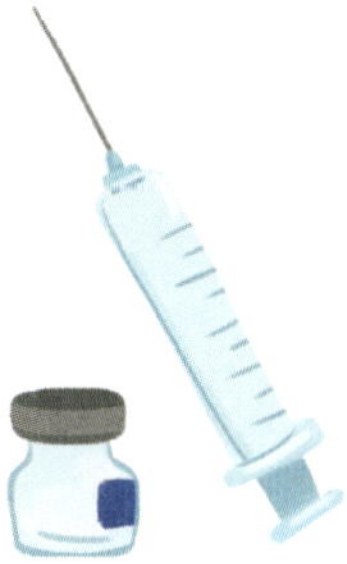   ___acina    ___afer

___orkshire    ___vas    ___angão

DESTAQUE AS FIGURAS DA PÁGINA 195 E COLE-AS NOS QUADROS DE ACORDO COM A LETRA INICIAL.

PALAVRAS QUE COMEÇAM COM VOGAL

COM QUAIS VOGAIS COMEÇAM AS IMAGENS QUE VOCÊ COLOU?

_____

PALAVRAS QUE COMEÇAM COM CONSOANTE

COM QUAIS CONSOANTES COMEÇAM AS IMAGENS QUE VOCÊ COLOU?

LIGUE AS IMAGENS ÀS PALAVRAS E PINTE A QUE COMEÇA COM VOGAL.

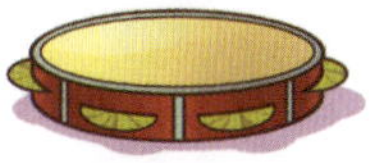

ouriço

soldado

pandeiro

joaninha

CUBRA O TRACEJADO DAS LETRAS USANDO LÁPIS NAS CORES INDICADAS NA LEGENDA.

■ VOGAL   ■ CONSOANTE

meia
balão
lápis
abacate
queimada
fada
astronauta
girafa

pilha
tucano
medalha
lixa
estátua
cogumelo
ketchup
bule

COMPLETE O ALFABETO COM LETRAS CURSIVAS MAIÚSCULAS.

a	___	C	D	___	F	G
___	J	___	K	L	___	
N	___	P	Q	___	___	T
U	V	___	X	___	___	

COMPLETE O ALFABETO COM LETRAS CURSIVAS MINÚSCULAS.

___	b	___	___	e	f	___
h	___	j	___	___	___	m
___	o	___	___	r	s	___
___	___	w	___	y		

BRINCANDO COM AS FAMÍLIAS

BA	BE	BI	BO	BU
ba	be	bi	bo	bu
Ba	Be	Bi	Bo	Bu
ba	be	bi	bo	bu

bola
BOLA

CANTE A CANTIGA E CIRCULE A PALAVRA QUE TEM A LETRA *b*.

Lá vai a bola girar na roda
Passear depressa e sem demora.

CANTIGA.

CUBRA O TRACEJADO E CONTINUE ESCREVENDO A FAMÍLIA DO *b*.

ba

be

bi

bo

bu

AGORA, COMPLETE AS PALAVRAS COM A FAMÍLIA DO *b*.

__cha 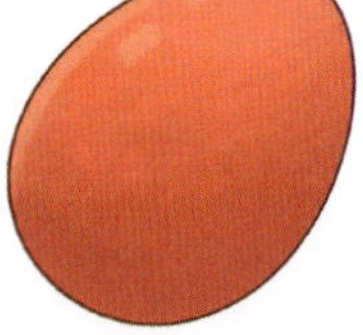 __xiga  __cho

__neca  ca__de  __leia

COMPLETE CADA FRASE COM UMA DAS PALAVRAS DO QUADRO.

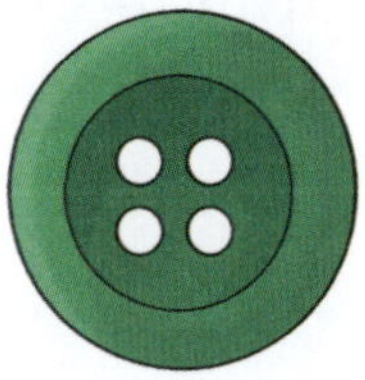

| botão | buraco | banana |

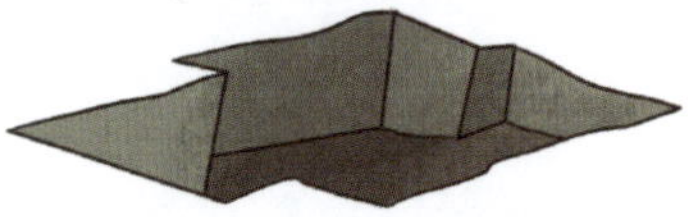

A) O _____ da camisa caiu.

B) O macaco gosta de _____.

C) Havia um grande _____ na rua.

CUBRA O TRACEJADO E CONTINUE ESCREVENDO A FAMÍLIA DO B.

Ba

Ba

Bi

Be

Bu

CIRCULE A FAMÍLIA DO B - b NAS PALAVRAS.

No aniversário de Bia, Beto e Benedita comeram bolo.

COPIE DA FRASE ACIMA AS PALAVRAS COM B - b.

_____   _____

_____   _____

PINTE A SÍLABA QUE COMPLETA CADA PALAVRA E, DEPOIS, ESCREVA-A.

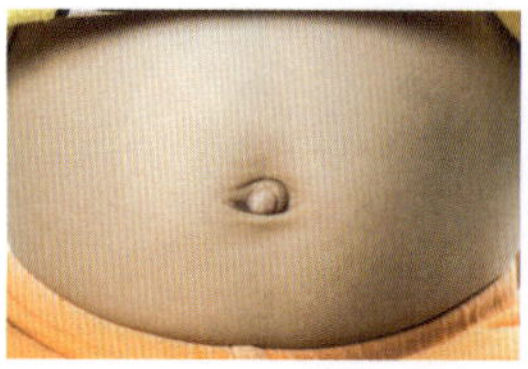

uru_____   um_____go

| ba | be | bu | | bi | ba | bo |

_____né   pom_____

| be | bo | be | | bu | bi | ba |

CUBRA O TRACEJADO.

Betina balança o cabelo na frente do espelho.

ESCREVA UM NOME QUE COMECE COM A FAMÍLIA DO B PARA CADA CRIANÇA.

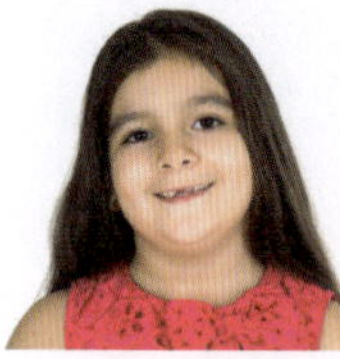

_____   _____

CA	CE	CI	CO	CU
ca	ce	ci	co	cu
Ca	Ce	Ci	Co	Cu
ca	ce	ci	co	cu

cavalo
CAVALO

OUÇA A PARLENDA E PINTE DE LARANJA AS PALAVRAS QUE TÊM c.

Garibaldi foi à missa
Num cavalo alazão
O cavalo tropeçou
Garibaldi foi ao chão.

PARLENDA.

CUBRA O TRACEJADO E CONTINUE ESCREVENDO A FAMÍLIA DO c.

ca

ce

ci

co

cu

CIRCULE AS FIGURAS CUJOS NOMES COMEÇAM COM A FAMÍLIA DO c.
DEPOIS, PINTE ESSA FAMÍLIA NAS PALAVRAS.

camarão    cenoura 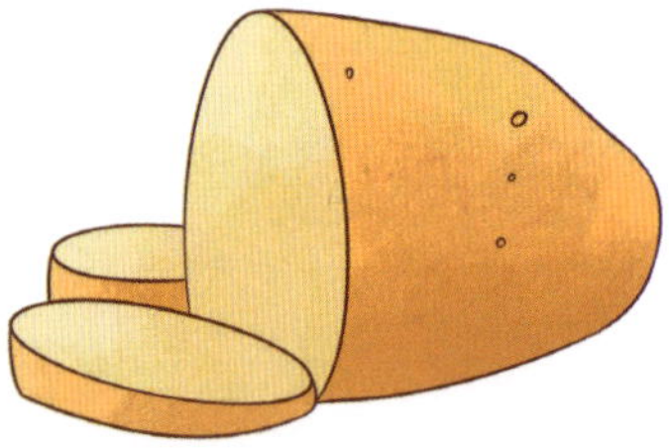   batata

cola 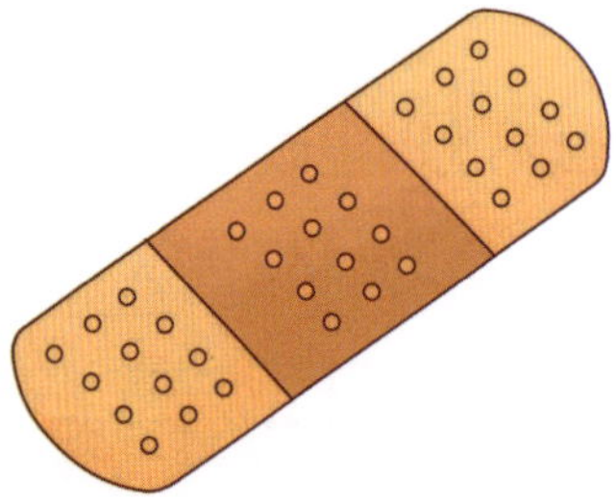   curativo    cinema

COMPLETE CADA FRASE COM UMA DAS PALAVRAS DO QUADRO.

canoa    coelho 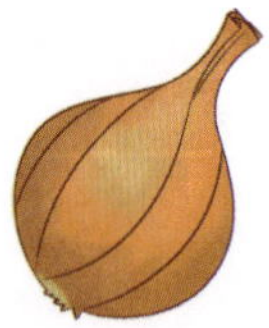   cebola

A) Atravessamos o rio de _____.

B) O _____ saiu da toca.

C) Carlos fez sopa de _____.

CUBRA O TRACEJADO E CONTINUE ESCREVENDO A FAMÍLIA DO C.

Ca

Ce

Ci

Co

Cu

CIRCULE A FAMÍLIA DO C - c NAS PALAVRAS DO TEXTO.

Carolina deu carona
a seu cunhado
Caio até o cinema.

COPIE DA FRASE ACIMA AS PALAVRAS COM C E c.

_____   _____   _____

_____

PINTE AS SÍLABAS QUE COMPLETAM AS PALAVRAS. DEPOIS, ESCREVA-AS.

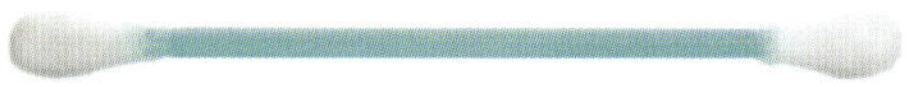

____ju

| ca | ce | cu |

____tonete

| ci | co | ca |

____garra

| ci | cu | ce |

____misa

| co | ca | ci |

CUBRA O TRACEJADO PARA COMPLETAR A FRASE.

Cora e Acero guardam os brinquedos no baú.

COMPLETE AS FRASES COM A PALAVRA MAIS ADEQUADA DO QUADRO.

| cocada | celular |

Camila comeu _____.

Cibele atendeu o _____.

DA	DE	DI	DO	DU
da	de	di	do	du
Da	De	Di	Do	Du
da	de	di	do	du

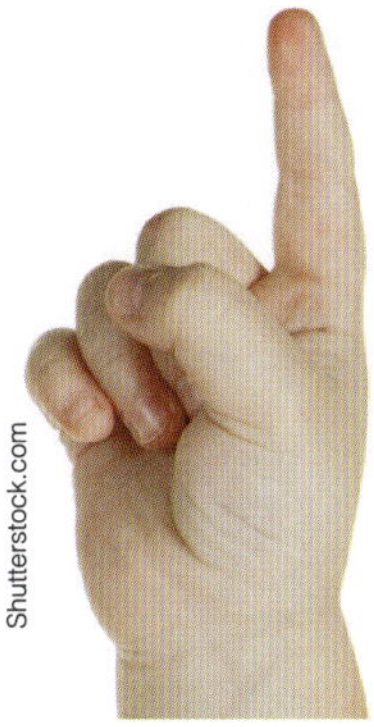

dedo
DEDO

OUÇA A LEITURA DO POEMA E CIRCULE A PALAVRA dedos NO TEXTO.

Jacam bola na vidraça,
Jogam água pelo chão,
Puxam pelo rabo o gato,
Metem dedos no pirão.

TATIANA BELINKY. CINCO TROVINHAS PARA DUAS MÃOZINHAS.
SÃO PAULO: EDITORA DO BRASIL, 2008. P. 7.

CUBRA O TRACEJADO E CONTINUE ESCREVENDO A FAMÍLIA DA LETRA d

da

de

di

do

du

COMPLETE AS PALAVRAS COM *da* OU *do*.

____masco    ____ce    ____da

____none    ____minó    ____is

LEIA A ADIVINHA E ESCREVA A RESPOSTA COMO SOUBER.

> O que é, o que é?
> Está dentro da boca e serve para mastigar os alimentos.
>
> ADIVINHA.

ENCONTRE A PALAVRA QUE COMPLETA CADA FRASE E LIGUE-AS. DEPOIS, COPIE A PALAVRA NO LUGAR CORRETO.

Bom _____!   duro

Minha cabeça _____.   dia

O coco é _____.   dói

CUBRA O TRACEJADO E CONTINUE ESCREVENDO A FAMÍLIA DA LETRA D.

Da

Da

Di

Do

Du

CIRCULE A FAMÍLIA DO D - d.

Não resisto às covinhas,
À fofura, à maciez,
Das mãozinhas buliçosas:
Me derreto duma vez!

TATIANA BELINKY. CINCO TROVINHAS PARA DUAS MÃOZINHAS. SÃO PAULO: EDITORA DO BRASIL, 2008. P. 12.

PINTE DE **AZUL** A FAMÍLIA DO D NOS NOMES.

Davi   Diogo   Débora

PINTE A SÍLABA QUE COMPLETA CADA PALAVRA E ESCREVA-A.

_____ amante

| da | di | du |

cadea _____

| do | di | da |

cabi _____

| do | de | di |

poma _____

| da | do | di |

CUBRA O TRACEJADO PARA COMPLETAR O TEXTO COM A FAMÍLIA DO D-d

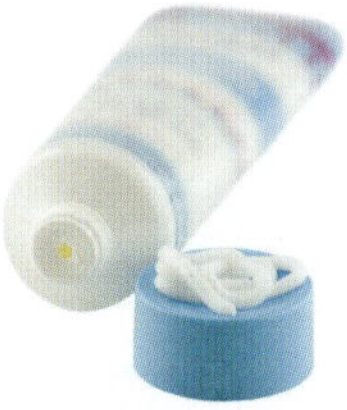

Dunga divide a casa com outros seis anões. Durante o dia, todos trabalham na mina. De noite, descansam no aconchego do lar.

MARQUE COM **X** AS FAMÍLIAS QUE APARECEM NO TEXTO ACIMA.

| Da | De | Di | Do | Du |
| da | de | di | do | du |

JUNTE AS SÍLABAS DE ACORDO COM A LEGENDA E FORME PALAVRAS.

■ co   ● ca   ▬ de   ▲ bi   ⬟ bo

● ▲ ▬   ● ■   ⬟ ●

_____   _____   _____

COMPLETE AS FRASES COM AS PALAVRAS FORMADAS NA ATIVIDADE ANTERIOR.

A) Cuidado com o _____ de vidro.

B) Diana passou batom na _____.

C) O _____ está sem roupa.

COMPLETE OS NOMES COM AS SÍLABAS QUE FALTAM.

BONÉ
_____ né

CASA
_____ sa

BOLA
_____ la

DESENHO
_____ senho

FA	FE	FI	FO	FU
fa	fe	fi	fo	fu
Fa	Fe	Fi	Fo	Fu
fa	fe	fi	fo	fu

foguete
FOGUETE

CANTE A CANTIGA E CIRCULE A PALAVRA foguete NO TEXTO. DEPOIS, PINTE A SÍLABA QUE APARECE NELA.

O foguete vai subindo, vai,
Vai levando o astronauta, vai.
Que beleza lá em cima deve ser.
Astronauta, me leve com você.

CANTIGA.

fa

fi

fo

CUBRA O TRACEJADO E CONTINUE ESCREVENDO A FAMÍLIA DA LETRA f

fa

fe

fi

fo

fu

COMPLETE AS PALAVRAS COM A FAMÍLIA DA LETRA f

___ro___  ___gão  ___go

___lha  ___ijão  ___maça

CIRCULE AS PALAVRAS ESCRITAS COM F - f

Fabiana foi à feira com o filho comprar folhas de couve-manteiga.

DESEMBARALHE AS SÍLABAS E FORME PALAVRAS.

go - fo  → _____   la - fi → _____

da - fa  → _____   bá - fu → _____

CUBRA O TRACEJADO E CONTINUE ESCREVENDO A FAMÍLIA DA LETRA $\mathcal{F}$.

Fa

Fa

Fi

Fe

Fu

COMPLETE O TRAVA-LÍNGUA COM fa OU fo.

A ___ca fo___queira ___z ___foca a noite inteira.

TRAVA-LÍNGUA.

COPIE DO TRAVA-LÍNGUA AS PALAVRAS NAS QUAIS HÁ A LETRA f.

_____   _____

_____   _____

DESTAQUE AS IMAGENS DA PÁGINA 197 E COLE AQUI APENAS AS QUE TÊM A FAMÍLIA DO F NO NOME.

CUBRA O TRACEJADO. DEPOIS, OBSERVE AS SÍLABAS NOS QUADROS E ASSINALE COM UM **X** A QUE APARECE NA PALAVRA.

Era uma cuca
À meia-noite
Em uma caverna
mal-assombrada
Com uma faca na mão
Passando manteiga no pão.

PARLENDA.

| fi |
| fe |
| fa |

LEIA OS NOMES E COPIE-OS.

Filomena   Felipe   Fabíola

GA	GE	GI	GO	GU
ga	ge	gi	go	gu
Ga	Ge	Gi	Go	Gu
ga	ge	gi	go	gu

galo
GALO

CANTE A CANTIGA E CIRCULE AS PALAVRAS DO TEXTO ESCRITAS COM *g*.

O galo e a galinha foram à feira em Portugal.
O galo foi de botas e a galinha de avental.
Era de frente para frente,
Era de trás para trás.

CANTIGA.

CUBRA O TRACEJADO E CONTINUE ESCREVENDO A FAMÍLIA DA LETRA *g*.

ga

ge

gi

go

gu

COMPLETE AS PALAVRAS COM A FAMÍLIA DO *g*.

___rafa   papa___io   ___iaba

CIRCULE APENAS AS FIGURAS QUE TÊM A FAMÍLIA DO *g* NO NOME.

goleiro   gude   caracol   gelo

COMPLETE CADA FRASE COM UMA DAS PALAVRAS DO QUADRO.

| gorila | regata | gelatina |

A) O _____ é um animal grande e forte.

B) André usa _____ no calor.

C) Hoje temos _____ de sobremesa.

LEIA A FRASE E PINTE DE **ROXO** A PALAVRA *gemada*.

A mãe de Gigi fez uma gemada deliciosa.

CUBRA O TRACEJADO E CONTINUE ESCREVENDO A FAMÍLIA DA LETRA G.

Ga

Ge

Gi

Go

Gu

LEIA A ADIVINHA E ESCREVA A RESPOSTA.

Tem orelhas de gato, mas não é gato; tem focinho de gato, mas não é gato; rabo de gato e não é gato. O que é?

ADIVINHA.

COMPLETE AS PALAVRAS COM A SÍLABA QUE FALTA. DEPOIS, PINTE A SÍLABA NO QUADRO.

____fanhoto | ga | ge | gi |

____rassol | go | gi | gu |

CIRCULE AS PALAVRAS QUE COMEÇAM COM G - g.

Gustavo    casa    gol

Dunga    Gilda    gambá

CUBRA O TRACEJADO.

Guto abriu a geladeira e pegou o suco de mangaba.

COPIE DO TEXTO AS PALAVRAS ESCRITAS COM A FAMÍLIA DO G - g.

_____   _____

_____   _____

COMPLETE OS NOMES COM A FAMÍLIA DA LETRA G.

____sele   ____lias   ____raldo   ____briela

HA	HE	HI	HO	HU
ha	he	hi	ho	hu
Ha	He	Hi	Ho	Hu
ha	he	hi	ho	hu

hipopótamo
HIPOPÓTAMO

OUÇA A PARLENDA E CIRCULE AS PALAVRAS DA FAMÍLIA DO H - h.

O hipopótamo Horácio
uma horta foi roubar.
Lá havia um homenzinho
que com ele quis brigar.

PARLENDA.

CUBRA O TRACEJADO E CONTINUE ESCREVENDO A FAMÍLIA DA LETRA h

ha

he

hi

ho

hu

CUBRA O TRACEJADO E CONTINUE ESCREVENDO A FAMÍLIA DA LETRA $\mathcal{H}$

Ha

He

Hi

Ho

Hu

COMPLETE AS PALAVRAS COM A FAMÍLIA DO $\mathcal{H}$ – h. DEPOIS, CIRCULE OS NOMES DE PESSOAS.

___itor  ___rói  ___rpa

___ra  ___lena 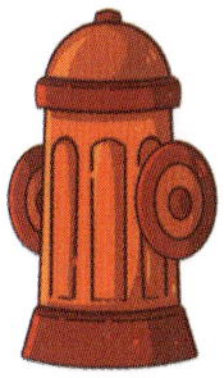 ___drante

___mero  ___ena

DESTAQUE AS FIGURAS DA PÁGINA 205 E COLE-AS NOS QUADROS CORRETOS. DEPOIS, COMPLETE AS PALAVRAS COM AS SÍLABAS QUE FALTAM.

FILÉ	GAVETA	HOMEM
___lé	___veta	___mem

CIRCULE A PALAVRA QUE É O NOME DA IMAGEM EM CADA QUADRO.

- hiena
- hélice
- hospital

- fubá
- funil
- furacão

- gota
- goma
- gola

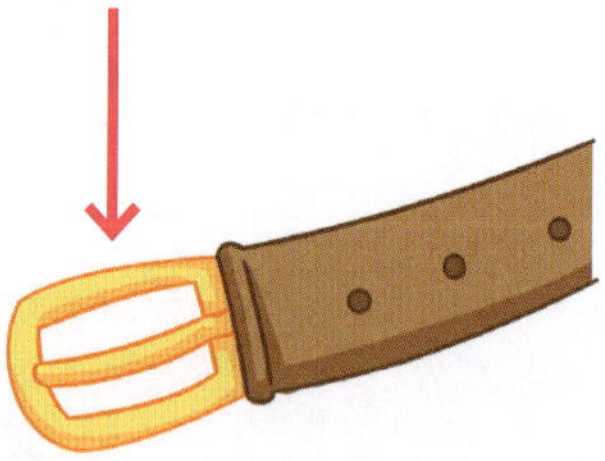

- garfo
- fivela
- hotel

ESCREVA TRÊS PALAVRAS PARA CADA UMA DAS FAMÍLIAS ABAIXO.

F - f _____

G - g _____

H - h _____

JA	JE	JI	JO	JU
ja	je	ji	jo	ju
Ja	*Je*	*Ji*	*Jo*	*Ju*
ja	*je*	*ji*	*jo*	*ju*

jabuti
JABUTI

OUÇA O TRAVA-LÍNGUA E CIRCULE AS PALAVRAS DA FAMÍLIA DO J - j

Juliana junta jabuti, jacaré, jararaca.
No jardim de Juliana
o jacaré joga com o jabuti
e janta jaca com a jararaca.

BARTOLOMEU CAMPOS DE QUEIRÓS. **DE LETRA EM LETRA**.
SÃO PAULO: MODERNA, 2008. P. 13.

CUBRA O TRACEJADO E CONTINUE ESCREVENDO A FAMÍLIA DA LETRA j

ja

je

ji

jo

ju

COMPLETE AS PALAVRAS COM A FAMÍLIA DO j.

____aninha   ____gue   ____ta

JUNTE AS SÍLABAS E FORME PALAVRAS.

ja – va – li → _____   ji – pe → _____

ju – ba → _____   jo – go → _____

COMPLETE AS FRASES COM AS PALAVRAS DO QUADRO.

| Juninas |  junho |  judô |

A) Em _____ ocorrem festas _____.

B) Júlia luta _____.

CUBRA O TRACEJADO E CONTINUE ESCREVENDO A FAMÍLIA DA LETRA J.

Ja

Je

Ji

Jo

Ju

SUBSTITUA AS FIGURAS POR PALAVRAS E REESCREVA AS FRASES.

Abri a 🪟 e vi o 🌼.

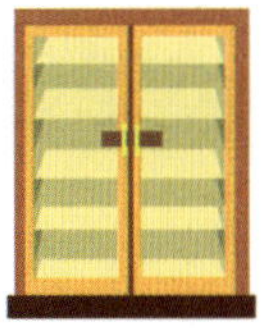

_____

Alice lê 📰 todos os dias.

_____

NO CADERNO, FAÇA UMA LISTA DE NOMES PRÓPRIOS COM A FAMÍLIA DO J.

CIRCULE A FAMÍLIA DO *J - j* NO TRAVA-LÍNGUA. DEPOIS, PINTE AS FAMÍLIAS QUE CIRCULOU NOS QUADROS ABAIXO.

> João junta as jacas junto à justa jaqueira.
>
> **TRAVA-LÍNGUA.**

| ja | je | ji | jo | ju |

| Ja | Je | Ji | Jo | Ju |

PINTE DE **AMARELO** AS SÍLABAS *ja*, *Je* E *Jo*.

Jeni viu um jaburu perto da casa de seu amigo Joca.

CUBRA O TRACEJADO DAS SÍLABAS *ji* E *ju*.

jiló   jumento   juriti

jiboia   jipe   jujuba

DESEMBARALHE AS SÍLABAS E FORME PALAVRAS. DEPOIS, FAÇA UM **X** NAQUELA QUE **NÃO** COMEÇA COM A LETRA *j*

lo – ti – jo   to – ja   la – ja – ne

_____   _____   _____

LA	LE	LI	LO	LU
la	le	li	lo	lu
La	Le	Li	Lo	Lu
la	le	li	lo	lu

luva
LUVA

RESPONDA A ADIVINHA. DEPOIS, CIRCULE A LETRA *l* NO TEXTO.

O que é, o que é?
Tem cinco dedos e palma,
mesmo assim não é mão.
Quando vazia fica calma,
só cheia tem animação.

ADIVINHA. _____

CUBRA O TRACEJADO E CONTINUE ESCREVENDO A FAMÍLIA DA LETRA *l*

la

le

li

lo

lu

COMPLETE AS PALAVRAS COM A FAMÍLIA DO l

___garto    ___vro    ___ite

___usa    ___pa    ___ta

LIGUE AS PALAVRAS ÀS FRASES PARA COMPLETÁ-LAS.

lição

laranja

loja

Tomei suco de _____.

Fui à _____ de brinquedos.

Fiz a _____ de casa.

JUNTE AS SÍLABAS E FORME PALAVRAS.

la → go _____
la → ço _____
la → ma _____

CUBRA O TRACEJADO E CONTINUE ESCREVENDO A FAMÍLIA DA LETRA L.

la

le

li

lo

lu

COMPLETE O TRAVA-LÍNGUA COBRINDO O TRACEJADO.

Luzia lustrava o lustre listrado.
O lustre listrado luzia.

TRAVA-LÍNGUA.

PINTE AS SÍLABAS E COPIE-AS PARA COMPLETAR OS NOMES.

| La | Le | Lu | | Li | Lo | Lu |

_____cas

_____renzo

PINTE AS SÍLABAS E COMPLETE AS PALAVRAS.

___xo

| la | le | li |

___garta

| lo | li | la |

___bre

| lo | lu | le |

___neta

| la | lu | le |

CIRCULE A PALAVRA *lobo* **NO TEXTO. DEPOIS, TROQUE AS SÍLABAS E DESCUBRA UMA NOVA PALAVRA.**

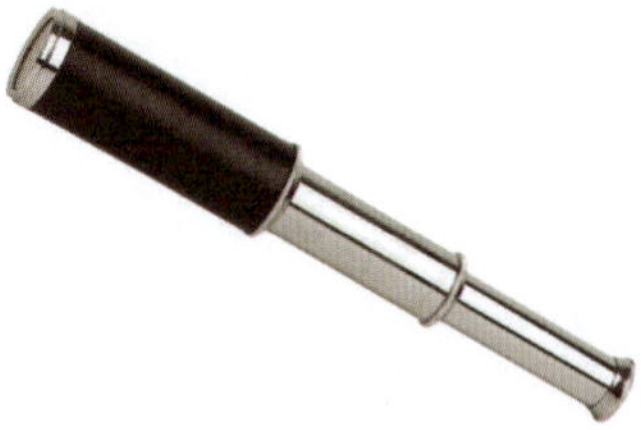

Vamos passear na floresta enquanto seu lobo não vem...

| lo | bo |

LEIA AS FRASES E COPIE-AS.

A) Leandro chutou a bola.

B) Leonor jogou a lata no lixo.

MA	ME	MI	MO	MU
ma	me	mi	mo	mu
Ma	Me	Mi	Mo	Mu
ma	me	mi	mo	mu

mala
MALA

OUÇA O TRAVA-LÍNGUA E CIRCULE AS PALAVRAS DA FAMÍLIA DO M – m

Maria-mole é molenga.
Se não é molenga, não é maria-mole.
É coisa malemolente, nem mala, nem mola, nem Maria, nem mole.

TRAVA-LÍNGUA.

CUBRA O TRACEJADO E CONTINUE ESCREVENDO A FAMÍLIA DA LETRA m

ma

me

mi

mo

mu

COMPLETE AS PALAVRAS COM A FAMÍLIA DO m.

____to    ____ro    ____lão

FORME PALAVRAS COM A FAMÍLIA DO m E LIGUE A IMAGEM DO MACACO À ESCRITA DO NOME DELE.

ma – ca – co → _____

me – sa → _____

mo – la → _____

mu – le – ta → _____

COMPLETE AS FRASES COM AS PALAVRAS DO QUADRO.

| mamãe | melancia | mocotó |

A) Vou comprar _____ com a _____.

B) João tomou caldo de _____.

CUBRA O TRACEJADO E CONTINUE ESCREVENDO A FAMÍLIA DA LETRA m

Ma

Me

Mi

Mo

Mu

CUBRA O TRACEJADO DOS NOMES ABAIXO.

Moana   Melinda   Murilo
Marcela   Milena   Miguel

LEIA E COPIE AS FRASES.

A) A menina usa meia-calça.

B) Manuela comeu mingau.

COMPLETE COM *ma* OU *me*.

[...]
Um ___caco
Tão ___nhoso
Mete ___do
No ___droso...

RUTH ROCHA. PALAVRAS, MUITAS PALAVRAS...
15. ED. SÃO PAULO: SALAMANDRA, 2013. P. 29.

CIRCULE AS SÍLABAS *mi*, *mo* E *mu* NAS PALAVRAS.

comida   fórmula

moeda   caminho   música

DESEMBARALHE O NOME DE CADA FIGURA E ESCREVA-O. DEPOIS, FAÇA UM **X** NA ÚNICA SÍLABA QUE NÃO PERTENCE À PALAVRA.

| me | be | ni | ma |

| di | co | le | mé |

| te | mu | ma | di |

OBSERVE A SALA DE AULA E ANOTE, EM UMA FOLHA DE PAPEL À PARTE, O NOME DE SEIS OBJETOS QUE COMEÇAM COM A LETRA *m*.

PINTE AS FAMÍLIAS DAS LETRAS **J**, **L**, **M** NAS PALAVRAS DO QUADRO. DEPOIS, ENCONTRE-AS NO DIAGRAMA DE PALAVRAS.

JANEIRO

JABUTICABA

LEQUE

LIMÃO

MARIPOSA

MEDO

J	A	N	E	I	R	O	B	I	S
E	F	O	T	U	F	N	M	A	M
L	F	L	E	O	P	P	A	D	E
E	H	I	L	I	G	I	R	A	D
Q	V	M	K	R	Ã	V	I	O	O
U	A	Ã	R	E	U	S	P	A	P
E	E	O	L	T	I	B	O	H	C
O	R	A	S	J	R	Y	S	O	Ã
J	A	B	U	T	I	C	A	B	A

CIRCULE AS FAMÍLIAS DE ACORDO COM A COR DA LEGENDA.

j 🟧   l 🟩   m 🟪

muçarela    maracujá    limonada

CUBRA O TRACEJADO E LIGUE A IMAGEM À ESCRITA DO NOME.

• caju

• minhoca

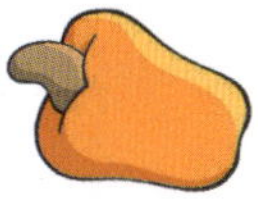

• livro

NA	NE	NI	NO	NU
na	ne	ni	no	nu
Na	Ne	Ni	No	Nu
na	ne	ni	no	nu

navio
NAVIO

OUÇA A LEITURA DO POEMA E CIRCULE AS PALAVRAS QUE TÊM N - n

Natália namora navio, nuvem, norte.
O navio da Natália
Navega em nuvens negras
Para as nações do norte.

BARTOLOMEU CAMPOS DE QUEIRÓS.
DE LETRA EM LETRA. SÃO PAULO: MODERNA, 2008. P. 18.

CUBRA O TRACEJADO E CONTINUE ESCREVENDO A FAMÍLIA DA LETRA n

ma

me

mi

mo

mu

AGORA COMPLETE AS PALAVRAS COM A FAMÍLIA DO m.

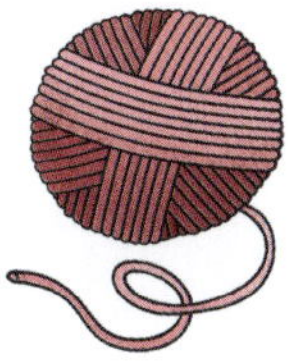

___bo   ___nho   ___velo

COMPLETE AS PALAVRAS COM A FAMÍLIA DO m E COPIE-AS.

m → a → ma → ___ve → mave
  → e → ___ → ___ve → ___
  → o → ___ → ___ve → ___
  → u → ___ → ___vem → ___

PINTE A ÚNICA SÍLABA QUE NÃO APARECEU NA ATIVIDADE ANTERIOR.

ma   me   mi   mo   mu

COMPLETE CADA FRASE COM UMA DAS PALAVRAS DO QUADRO.

nariz    nozes    nó

A) Nina tem uma pinta no _____.
B) O esquilo gosta de _____.
C) Nicolas aprendeu a dar _____.

CUBRA O TRACEJADO E CONTINUE ESCREVENDO A FAMÍLIA DA LETRA 𝑛.

𝒩a

𝒩e

𝒩i

𝒩o

𝒩u

CIRCULE A FAMÍLIA DO 𝑛 – 𝑚 NAS PALAVRAS.

Nicole, Noemi e Nestor fizeram uma nave espacial com sucata.

COPIE AS PALAVRAS COM A FAMÍLIA DO 𝑛 – 𝑚 QUE APARECERAM NA FRASE ACIMA.

_____   _____

_____   _____

ESCREVA A SÍLABA E COMPLETE CADA PALAVRA.

____vio

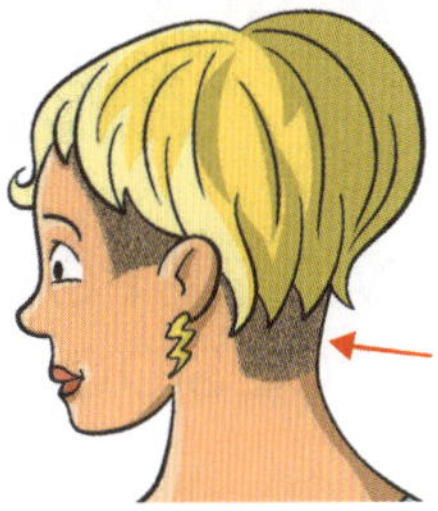

____ca

____ta

____mê

CUBRA O TRACEJADO.

Nana, nenê,
que a Cuca vem pegar,
papai foi pra roça
e mamãe foi trabalhar.

CANTIGA.

LIGUE AS SÍLABAS ÀS PALAVRAS E COMPLETE-AS.

| ma |
| me |
| mi |
| mo |
| mu |

pe____co

caba____

ca____ta

ca____do

pa____

BRINCANDO COM ARTE

VAMOS BRINCAR DE FORMAR PALAVRAS COM DADOS SILÁBICOS? SIGA AS INSTRUÇÕES DO PROFESSOR.

ESCREVA NO CADERNO AS PALAVRAS QUE VOCÊ FORMOU DURANTE A BRINCADEIRA.

PA	PE	PI	PO	PU
pa	pe	pi	po	pu
Pa	Pe	Pi	Po	Pu
pa	pe	pi	po	pu

pulga
PULGA

LEIA OS VERSINHOS E CIRCULE A FAMÍLIA DA LETRA P – p NO TEXTO.

Pula a pulga curiosa
No pelo de Pinguinho,
Um cachorrinho esperto,
Peludo e limpinho.

QUADRINHA.

CUBRA O TRACEJADO E CONTINUE ESCREVENDO A FAMÍLIA DA LETRA p

pa

pa

pi

pe

pu

CUBRA O TRACEJADO, DEPOIS DESTAQUE AS IMAGENS DA PÁGINA 205 E COLE-AS NOS ESPAÇOS CORRESPONDENTES.

pato   pipeteca   pudim

pote   pena   picolé

LIGUE AS FRASES ÀS PALAVRAS QUE AS COMPLETAM E, DEPOIS, ESCREVA-AS.

Já vesti o _____. pé

Vovó usa _____. pijama

Torci o _____. pulseira

DESEMBARALHE AS SÍLABAS E FORME PALAVRAS.

| pa | la | ne |

| ti | ne | pa | te |

_____   _____

CUBRA O TRACEJADO E CONTINUE ESCREVENDO A FAMÍLIA DA LETRA P.

Pa

Pe

Pi

Po

Pu

CUBRA O TRACEJADO PARA COMPLETAR O TRAVA-LÍNGUA.

Atrás da pia tem um prato,
Um pinto e um gato.
Pinga a pia, apara o prato
Pia o pinto e mia o gato.

TRAVA-LÍNGUA.

ESCREVA SEIS NOMES PRÓPRIOS QUE COMEÇAM COM A LETRA P.

_____   _____

_____   _____

_____   _____

ESCREVA A SÍLABA QUE COMPLETA CADA PALAVRA.

_____ dro   pi _____ ca

_____ loma   _____ ano

LEIA OS VERSINHOS E CIRCULE A PALAVRA *pata* NO TEXTO.

Lá vai a pata à lagoa.
Pula na água,
Balança as patinhas,
Sacode as peninhas.
Depois do banho
Está limpinha!

COMPLETE AS PALAVRAS ABAIXO COM *pe* OU *pi*.

_____ ixe   _____ pa   _____ ra   pe _____ no

QUA	QUE	QUI
qua	que	qui
Qua	Que	Qui
qua	que	qui

queijo
QUEIJO

LEIA O TRAVA-LÍNGUA E CIRCULE A FAMÍLIA DA LETRA Q - q

Queijeiro, queijeiro.
Quem quer queijo?
Queijo de qualidade.
Quatro queijos de um quilo
Quatorze reais.

TRAVA-LÍNGUA.

CUBRA O TRACEJADO E CONTINUE ESCREVENDO A FAMÍLIA DA LETRA q.

qua

que

qui

COMPLETE A FRASE COM A PALAVRA ADEQUADA.

Fizemos uma pintura com _____.
(aquarela/bolo)

CUBRA O TRACEJADO DA FAMÍLIA DA LETRA q.

quitanda    quadriciclo    queixo

CIRCULE AS FIGURAS QUE TÊM A FAMÍLIA DA LETRA q NO NOME.

raquete    mosquito    gavião    aquário

COMPLETE AS FRASES COM UMA DAS PALAVRAS DO QUADRO.

Pinóquio    buquê

A) _____ é filho de Gepeto.

B) Seu Queiroz comprou um _____ de flores para Jênifer.

CUBRA O TRACEJADO E CONTINUE ESCREVENDO A FAMÍLIA DA LETRA Q.

Qua

Que

Qui

COPIE AS FRASES.

Quincas come quiabo.

O quadro foi pendurado na parede.

LEIA A ADIVINHA E ESCREVA A RESPOSTA COMO SOUBER. DEPOIS, PINTE A SÍLABA QUE APARECEU NA RESPOSTA.

Sou uma figura geométrica.
Tenho quatro lados, todos eles iguais.
Jogue o dado e em seus lados me verás.
Quem sou eu?

ADIVINHA.

qua   que   qui

CIRCULE A PALAVRA ESCONDIDA E LIGUE-A À IMAGEM CORRESPONDENTE.

moleque

esquimó

quadrado

esquilo

CUBRA O TRACEJADO DAS PALAVRAS E LEIA A FRASE FORMADA.

Joaquim foi ao parque fazer um piquenique debaixo do coqueiro. Comeu caqui e se divertiu com seus brinquedos.

COPIE DO TEXTO AS PALAVRAS DA FAMÍLIA DA LETRA q.

_____ _____ _____

_____ _____ _____

LEIA AS FRASES E PINTE AS FAMÍLIAS SILÁBICAS DE ACORDO COM A LEGENDA DE CORES.

★ q   ★ m   ★ p

A) Comi moqueca no quiosque da esquina.
B) Ana ganhou um periquito azul.
C) Pietro mora no interior do Paraná.
D) O purê quase acabou.

DESTAQUE AS FIGURAS DA PÁGINA 197 E COLE-AS NOS ESPAÇOS. DEPOIS, COMPLETE AS PALAVRAS COM AS FAMÍLIAS DAS LETRAS m, p E q.

PINO

CANECA
ca____ca

PAVÃO
____vão

PEQUI

PIRÃO
____rão

PANQUECA
pan____ca

RA	RE	RI	RO	RU
ra	re	ri	ro	ru
Ra	Re	Ri	Ro	Ru
ra	re	ri	ro	ru

rei
REI

OUÇA A LEITURA DO POEMA E CIRCULE A FAMÍLIA DA LETRA R - r

Com r
Rômulo recorda rio, rumo, rei.
Rômulo rema
Rumo ao reino do rei,
Rolando risonho pelo rio.

**BARTOLOMEU CAMPOS DE QUEIRÓS. DE LETRA EM LETRA.
SÃO PAULO: MODERNA, 2008. P. 22.**

CUBRA O TRACEJADO E CONTINUE ESCREVENDO A FAMÍLIA DA LETRA r

ra

re

ri

ro

ru

COMPLETE AS PALAVRAS COM A FAMÍLIA DA LETRA R.

___rato   ___robô   ___rede

JUNTE AS SÍLABAS PARA FORMAR PALAVRAS COM ri OU ru.

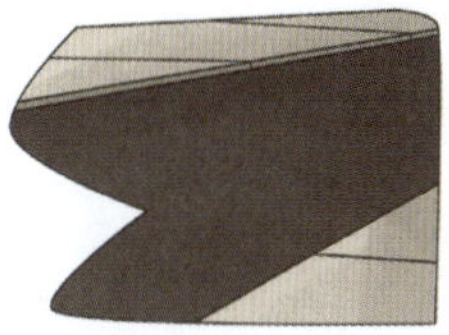

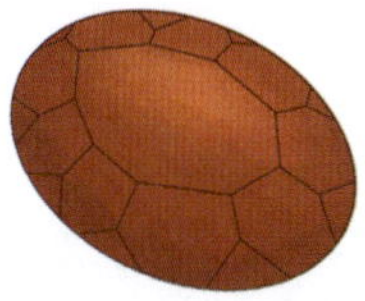

ri → sa → da _____
ri → no → ce → ron → te _____
ru → a _____
ru → bi _____

COMPLETE CADA FRASE COM UMA PALAVRA DO QUADRO.

| rio | rádio | roupa |

A) Está tocando música no _____.
B) Rita atravessou o _____ de canoa.
C) Kadu lavou toda a _____.

CUBRA O TRACEJADO E CONTINUE ESCREVENDO A FAMÍLIA DA LETRA R.

Ra

Re

Ri

Ro

Ru

SUBSTITUA O ▧ PELA SÍLABA CORRETA DA FAMÍLIA DA LETRA R E ESCREVA AS PALAVRAS. DEPOIS, LIGUE A IMAGEM AO NOME DELA.

▧ posa _____

▧ da _____

▧ co _____

▧ lógio _____

FAÇA UMA LISTA DE NOMES PRÓPRIOS ESCRITOS COM A LETRA R.

_____   _____   _____

_____   _____   _____

LEIA A FRASE E CIRCULE A PALAVRA *roseira*. DEPOIS, PINTE NOS QUADROS AS SÍLABAS DA FAMÍLIA DA LETRA R – r ENCONTRADAS NAS PALAVRAS DA FRASE.

Ricardo regou a roseira.

| ra | re | Ri | ro | Ru |

CUBRA O TRACEJADO PARA COMPLETAR AS PALAVRAS.

O gato Roni ronronava à espera de carinho e toda noite se enroscava nas pernas de Rafael, meu vizinho.

TEXTO ESCRITO ESPECIALMENTE PARA ESTA OBRA.

LEIA OS NOMES E COPIE-OS.

Ronaldo   Ravi   Rosana

Rute   Renata   Rita

SA	SE	SI	SO	SU
sa	se	si	so	su
Sa	Se	Si	So	Su
sa	se	si	so	su

sino
SINO

CANTE A CANTIGA E CIRCULE NO TEXTO AS PALAVRAS QUE TÊM ♪.

Meu sininho
Meu sininho, meu sininho,
Meu sinão, meu sinão,
Bate de mansinho,
Bate de mansinho,
Dim, dem, dão...
Dim, dem, dão...

CANTIGA.

CUBRA O TRACEJADO E CONTINUE ESCREVENDO A FAMÍLIA DA LETRA ♪.

sa

se

si

so

su

CIRCULE APENAS AS FIGURAS CUJOS NOMES COMEÇAM COM A FAMÍLIA DA LETRA ♪.

sapatilha   sopa   rapadura

JUNTE AS SÍLABAS PARA FORMAR PALAVRAS COM A FAMÍLIA DA LETRA ♪.

so → no _____   sa → pa → to _____

sa → ia _____   su → ca → ta _____

se → lo _____   si → re → ne _____

COMPLETE AS FRASES COM UMA DAS PALAVRAS DO QUADRO.

sereia   soldado   sabonete

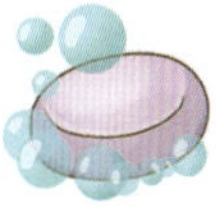

A) Ariel é uma _____.

B) Meu _____ é cheiroso.

C) Marcha, _____, para dentro do quartel.

CUBRA O TRACEJADO E CONTINUE ESCREVENDO A FAMÍLIA DA LETRA 𝒮.

Sa

Se

Si

So

Su

CIRCULE A FAMÍLIA DA LETRA 𝒮 – 𝓈 NAS PALAVRAS DO TRAVA-LÍNGUA.

Sabendo o que sabes e o que não sabes e o que não sabemos, ambos saberemos se somos sábios, sabidos ou somente saberemos se somos sabedores.

TRAVA-LÍNGUA.

AGORA, PINTE AS SÍLABAS DA FAMÍLIA DA LETRA 𝓈 ENCONTRADAS NAS PALAVRAS DO TRAVA-LÍNGUA.

| sa | se | si | so | su |

PINTE A SÍLABA QUE COMPLETA CADA PALAVRA. DEPOIS, ESCREVA-A.

_____ri

| sa | se | si |

_____co

| si | su | se |

_____fá

| sa | si | so |

_____lame

| se | sa | su |

COMPLETE O TRACEJADO.

Serena e Simão subiram na sacada do sobrado.

LISTE SEIS NOMES PRÓPRIOS COM A LETRA S.

_____   _____   _____

_____   _____

ESCOLHA UM DOS NOMES LISTADOS E ESCREVA UMA FRASE COM ELE.

_____

TA	TE	TI	TO	TU
ta	te	ti	to	tu
Ta	Te	Ti	To	Tu
ta	te	ti	to	tu

tamanduá
TAMANDUÁ

OUÇA A LEITURA DO TRAVA-LÍNGUA E CIRCULE AS PALAVRAS ESCRITAS COM T – t

O seu Tatá tá?
Não, o seu Tatá não tá.
Mas a mulher do seu Tatá tá.
E quando a mulher do seu Tatá tá,
É a mesma coisa que o seu Tatá tá, tá?

TRAVA-LÍNGUA.

CUBRA O TRACEJADO E CONTINUE ESCREVENDO A FAMÍLIA DA LETRA t

ta

te

ti

to

tu

CUBRA O TRACEJADO DA FAMÍLIA DA LETRA t.

tomate    telefone    tigre

COMPLETE AS PALAVRAS COM AS SÍLABAS CORRETAS.

| te |
| ti |
| to |

_____soura

| ta |
| te |
| ti |

_____pete

| ti |
| to |
| tu |

_____barão

COMPLETE AS FRASES COM AS PALAVRAS DO QUADRO.

televisão 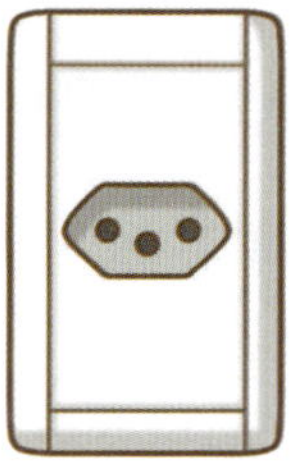   tomada 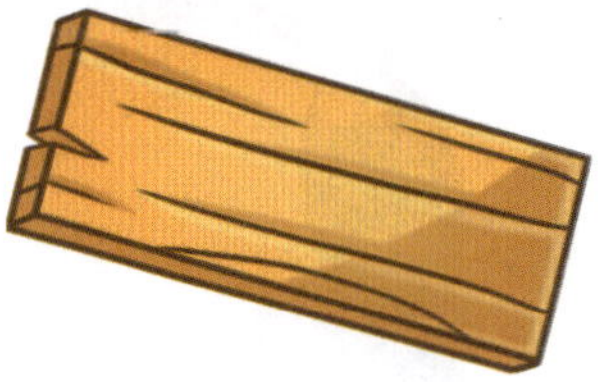   tábua

A) Tânia ligou a _____ na _____.

B) Tadeu pregou a _____.

CUBRA O TRACEJADO E CONTINUE ESCREVENDO A FAMÍLIA DA LETRA J.

Ja

Je

Ji

Jo

Ju

LEIA A ADIVINHA E CIRCULE A FAMÍLIA DA LETRA J - t DEPOIS, ESCREVA A RESPOSTA COMO SOUBER.

Sou uma ave diferente,
Quem me vê, logo percebe.
Tenho o bico bem comprido,
De cor forte e alegre.

ADIVINHA.

LEIA E COPIE A FRASE.

Talita gosta de tulipas.

ESCREVA AS SÍLABAS QUE COMPLETAM AS PALAVRAS.

_____ia

bicicle_____

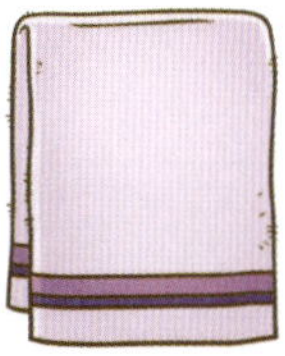

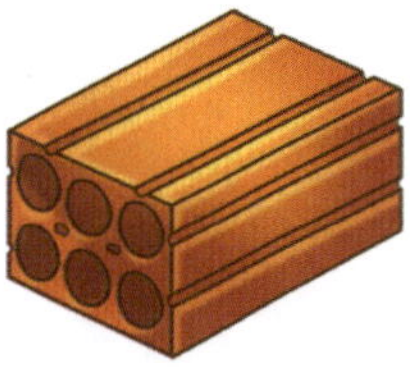

_____alha

_____jolo

CUBRA O TRACEJADO PARA COMPLETAR O TRAVA-LÍNGUA.

Tecelão tece o tecido
Em sete sedas de Sião
Tem sido a seda tecida
Na sorte do tecelão.

TRAVA-LÍNGUA.

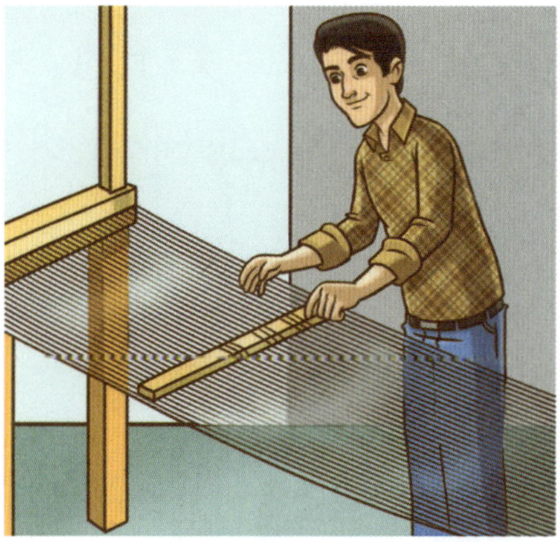

CIRCULE OS PERSONAGENS QUE TÊM A LETRA t NO NOME.

Gato de Botas    Cinderela    Peter Pan

JUNTE AS SÍLABAS PARA FORMAR PALAVRAS. DEPOIS, CIRCULE AS PALAVRAS QUE CORRESPONDEM ÀS IMAGENS.

ra → to → ei → ra
ra → bo
ra → to

se → men → te
se → ma → na
se → ta

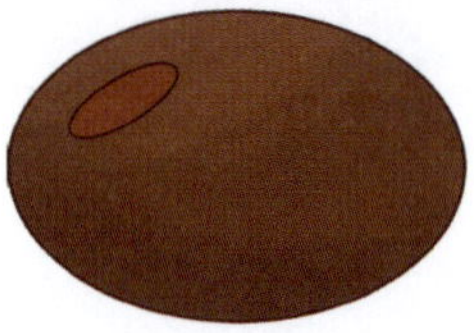

ta → bu → lei → ro
ta → tu → ra → ma
ta → re → fa

COMPLETE O TEXTO COM AS SÍLABAS QUE FALTAM.

_____faela abriu a tornei_____, encheu o _____gador de água e _____lhou as plantas da _____la.

CUBRA O TRACEJADO PARA COMPLETAR A FRASE.

Samanta teimosa tomou remédio antes da hora.

VA	VE	VI	VO	VU
va	ve	vi	vo	vu
Va	*Ve*	*Vi*	*Vo*	*Vu*
va	*ve*	*vi*	*vo*	*vu*

vaso
VASO

CANTE A CANTIGA E CIRCULE AS PALAVRAS QUE TÊM A LETRA *v*.

Anel de pedra verde
Perdi meu anel no buraco da parede,
Quem achou me dê de volta
Meu anel de pedra verde.

CANTIGA.

CUBRA O TRACEJADO E CONTINUE ESCREVENDO A FAMÍLIA DA LETRA *v*.

- *va*
- *ve*
- *vi*
- *vo*
- *vu*

COMPLETE AS PALAVRAS COM A FAMÍLIA DA LETRA v.

a__ão   gra__ta   __ra

__olino   __ado   __leibol

JUNTE AS SÍLABAS PARA FORMAR PALAVRAS COM A FAMÍLIA DA LETRA v.

vo → vô_____   ve → la_____

COMPLETE AS FRASES COM AS PALAVRAS DO QUADRO.

|  vulcão |  varal |  veleiro |

A) O _____ fez muito barulho.

B) As roupas estão no _____.

C) Viviane viajou de _____.

CUBRA O TRACEJADO E CONTINUE ESCREVENDO A FAMÍLIA DA LETRA 𝒱.

Va

Ve

Vi

Vo

Vu

SUBSTITUA AS FIGURAS POR PALAVRAS PARA COMPLETAR AS FRASES.

Vilma viu um _____.

O leite vem da _____.

SUBLINHE DE **VERDE** OS NOMES PRÓPRIOS ESCRITOS COM A LETRA 𝒱. DEPOIS, COPIE AS FRASES.

Verônica e Vitor vão viajar.

_____

Vitória vive em Vila Velha.

_____

LEIA A ADIVINHA E ESCREVA A RESPOSTA.

O que é, o que é?
Passa diante do Sol
sem fazer sombra.

ADIVINHA.

CIRCULE AS PALAVRAS ESCRITAS COM A LETRA v.

As aves botam ovos e por isso são chamadas de ovíparas.

CUBRA O TRACEJADO E CIRCULE APENAS AS CORES CUJOS NOMES COMEÇAM COM A LETRA v.

vermelho    azul    verde

violeta    amarelo    laranja

168

XA	XE	XI	XO	XU
xa	xe	xi	xo	xu
Xa	Xe	Xi	Xo	Xu
xa	xe	xi	xo	xu

xícara
XÍCARA

OUÇA A LEITURA DO TRAVA-LÍNGUA E SUBLINHE DE **AMARELO** AS PALAVRAS ESCRITAS COM A LETRA x.

O xexéu dança xaxado
dança xote com iaiá
xaxado é xodó chamado
xote é sorte de amar

ROSINHA. **ABC DO TRAVA-LÍNGUA.** SÃO PAULO: EDITORA DO BRASIL, 2012. P. 27.

CUBRA O TRACEJADO E CONTINUE ESCREVENDO A FAMÍLIA DO x.

xa

xe

xi

xo

xu

CUBRA O TRACEJADO E CONTINUE ESCREVENDO A FAMÍLIA DO $\mathcal{X}$.

Xa

Xe

Xi

Xo

Xu

CIRCULE A FAMÍLIA DA LETRA $\mathcal{X}$ – x NAS PALAVRAS.

Ximena usa xale roxo e Xavier toma chá na xícara de porcelana.

COPIE AS PALAVRAS DA FAMÍLIA DA LETRA $\mathcal{X}$ – x ENCONTRADAS NA FRASE ACIMA.

_____   _____

_____   _____

PINTE A SÍLABA QUE COMPLETA CADA PALAVRA E ESCREVA-A.

____rife   fa____na

| xa | xe | xi | | xi | xo | xu |

____drez   ____li

| xu | xa | xi | | xa | xi | xo |

CUBRA O TRACEJADO DA FAMÍLIA DO x. DEPOIS, DESTAQUE AS FIGURAS DA PÁGINA 199 E COLE-AS NOS ESPAÇOS CORRESPONDENTES.

xarope   peixe   lagartixa

COMPLETE AS PALAVRAS COM A FAMÍLIA DO x.

me____rica   cai____reta   abaca____

ZA	ZE	ZI	ZO	ZU
za	ze	zi	zo	zu
za	ze	zi	zo	zu
za	ze	zi	zo	zu

zíper
ZÍPER

OUÇA A LEITURA DO POEMA E SUBLINHE AS PALAVRAS ESCRITAS COM z.

[...] Vem zanzando, vem zoando,
Como um zangado zangão.
Vem zangando, vem zunindo,
Vem zoando, vem zumbindo... [...]

RUTH ROCHA. **PALAVRAS, MUITAS PALAVRAS...**
SÃO PAULO: SALAMANDRA, 2013. P. 55.

CUBRA O TRACEJADO E CONTINUE ESCREVENDO A FAMÍLIA DA LETRA z.

za

ze

zi

zo

zu

CUBRA O TRACEJADO E CONTINUE ESCREVENDO A FAMÍLIA DA LETRA z.

za

ze

zi

zo

zu

CIRCULE AS PALAVRAS ESCRITAS COM Z - z.

Zoraide e Zelda viram a zebra no zoológico.

PINTE DE **AZUL** A FAMÍLIA DO z NAS PALAVRAS.

zero

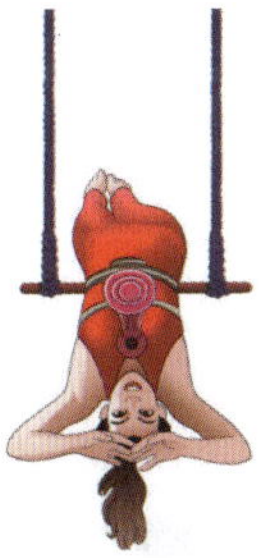

trapézio

zagueiro

AGORA, ESCOLHA UMA DAS PALAVRAS ACIMA E ESCREVA UMA FRASE.

PINTE A SÍLABA QUE COMPLETA CADA PALAVRA. DEPOIS, ESCREVA-A.

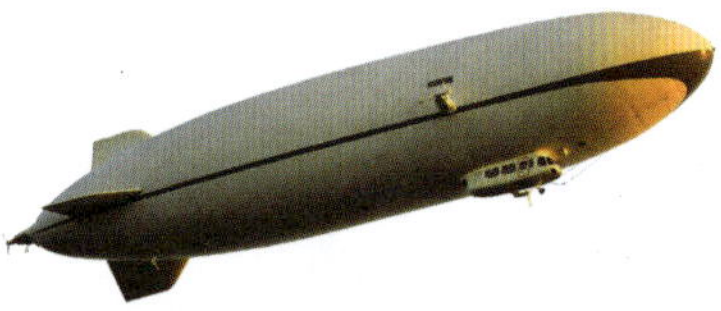

___pelim

| za | ze | zi |

bu___na

| zi | ze | zu |

___bumba

| za | zi | zo |

___bu

| za | zo | ze |

CUBRA O TRACEJADO DA FAMÍLIA DO Z - z.

O zíper do casaco
do zelador Zezé
está aberto.

CIRCULE APENAS OS PERSONAGENS QUE TÊM A LETRA z NO NOME.

Bela    Zorro    Zangado

COMPLETE AS PALAVRAS COM AS FAMÍLIAS SILÁBICAS. DEPOIS, DESTAQUE AS FIGURAS DA PÁGINA 199 E COLE-AS NOS LOCAIS CORRETOS.

VIOLÃO	MAXIXE	ZENAIDE

_____olão   ma_____   _____naide

CIRCULE A PALAVRA QUE CORRESPONDE À IMAGEM DE CADA QUADRO.

 (vestido)	vale / vestido / vaca	 (peixe)	xarope / xale / xaréu
 (menino com bola)	zagueiro / zíper / zero	 (xampu)	verdura / xampu / zebu

ESCOLHA UMA PALAVRA DA ATIVIDADE ANTERIOR E ESCREVA UMA FRASE COM ELA.

_____

BRINCANDO COM CANTIGA

CANTE A CANTIGA E CUBRA OS TRACEJADOS.

Periquito-maracanã

Periquito-maracanã,
Cadê a sua iaiá?
Faz um dia, faz um ano
Que eu não vejo ela passar.

CANTIGA.

COMPLETE AS PALAVRAS COM AS SÍLABAS QUE FALTAM.

_____ tão    _____ ta-vento    _____ do

SUBSTITUA AS FIGURAS POR PALAVRAS E COPIE AS FRASES.

Dênis vestiu um 🧥.

_____

Bianca comeu 🥯 de fubá.

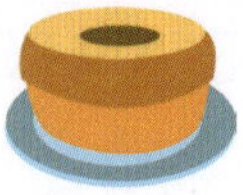

_____

DESEMBARALHE AS SÍLABAS E FORME PALAVRAS.

| la | co | sa |

_____

| pa | sa | to |

_____

| ca | ja | ré |

_____

| bo | ca | me |

_____

ESCREVA FRASES COM AS PALAVRAS DA ATIVIDADE ANTERIOR.

_____

_____

_____

_____

JUNTE AS SÍLABAS E FORME PALAVRAS COM AS LETRAS g, h e j

ge → a → da _____
ge → la → dei → ra _____
hi → e → ma _____
hi → gi → e → me _____
ja → po → mês _____
ja → ca _____

DESTAQUE AS PEÇAS DA PÁGINA 205 E COLE-AS MONTANDO UMA CENA. DEPOIS, LEIA A FRASE FORMADA.

ESCREVA O NOME DE ANIMAIS QUE TENHAM AS LETRAS A SEGUIR.

m
macaco

h
hiena

p
pato

q
quati

n
canguru

s
sapo

BRINCANDO COM ARTE

VAMOS BRINCAR COM O JOGO DAS SÍLABAS? DESTAQUE A FIGURA DA PÁGINA 207 E SIGA AS ORIENTAÇÕES DO PROFESSOR.

ESCREVA AQUI AS PALAVRAS QUE VOCÊ FORMOU.

_____
_____
_____
_____
_____

CIRCULE AS FAMÍLIAS DAS LETRAS S - s, T - t, V - v E Z - z.

Valéria e Tereza viajaram para Fortaleza. Lá fizeram um passeio até a Praia de Iracema e conheceram a Ponte dos Ingleses, famoso ponto turístico local.

COMPLETE AS FRASES COM A PALAVRA CORRETA.

A) Tatiana lavou o cabelo com _____.
(xampu/xícara)

B) Olavo foi ao _____ hoje.
(veludo/zoológico)

C) Rebeca tomou _____ de cebola.
(sapo/sopa)

D) Meu animal preferido é o _____.
(tucano/trator)

E) Soraia gosta de jogar _____.
(violino/voleibol)

ESCOLHA UMA DAS FRASES ACIMA E CRIE UMA PEQUENA HISTÓRIA COM OS COLEGAS. O PROFESSOR VAI DIGITAR E IMPRIMIR SUA HISTÓRIA PARA COLÁ-LA NO CADERNO.

BRINCANDO COM POEMA

CHA	CHE	CHI	CHO	CHU
cha	che	chi	cho	chu
Cha	Che	Chi	Cho	Chu
cha	che	chi	cho	chu

chave
CHAVE

LEIA O POEMA E CIRCULE A FAMÍLIA DO Ch - ch.

Combina ou não combina?
[...] Calor com cachecol?
Chuva com chuveiro?
Chave com chaveiro?
Coqueiro com coquinho? [...]

JONAS RIBEIRO. ALFABÉTICO – ALMANAQUE DO ALFABETO POÉTICO. SÃO PAULO: EDITORA DO BRASIL, 2016. P. 17.

CUBRA O TRACEJADO E CONTINUE ESCREVENDO A FAMÍLIA DO ch.

cha   che   chi   cho   chu

COMPLETE AS PALAVRAS COM A FAMÍLIA DO ch.

___nelo   ca___eira   ___peta

CUBRA O TRACEJADO E CONTINUE ESCREVENDO A FAMÍLIA DO *Ch*.

Cha   Che   Chi   Cho   Chu

CUBRA O TRACEJADO E CIRCULE DE **LARANJA** O NOME FEMININO.

Charles   Chico   Charlote

DESEMBARALHE AS SÍLABAS E FORME AS PALAVRAS.

che	bo	cha	_____
mo	la	chi	_____
lé	chu	_____	
te	co	la	cho	_____
va	chu	_____		

CIRCULE A FAMÍLIA DO *Ch* – *ch* E COPIE AS FRASES.

Chico fecha o chuveiro.

_____

Comi sanduíche e bolacha no lanche.

_____

NHA	NHE	NHI	NHO	NHU
nha	nhe	nhi	nho	nhu
nha	nhe	nhi	nho	nhu

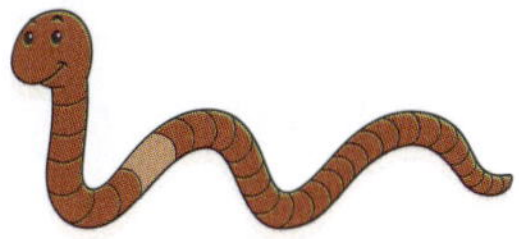

minhoca
MINHOCA

CANTE A CANTIGA E CIRCULE A FAMÍLIA DO nh.

Fui morar numa casinha
Fui morar numa casinha - nha
Infestada - da
De cupim - pim - pim
Saiu de lá - lá - lá
Uma minhoquinha - nha
Olhou pra mim, olhou pra mim
e fez assim...

CANTIGA.

CUBRA O TRACEJADO E CONTINUE ESCREVENDO A FAMÍLIA DO nh.

nha   nhe   nhi   nho   nhu

COMPLETE AS PALAVRAS.

ni____   gali____   pi____iro   ba____sta
u____   so____   casta____   moi____

LHA	LHE	LHI	LHO	LHU
lha	lhe	lhi	lho	lhu
lha	lhe	lhi	lho	lhu

telhado
TELHADO

LEIA A PARLENDA E SUBLINHE A FAMÍLIA DO *lh*.

O gato malhado
comeu a sardinha,
fugiu pro telhado
e pôs toda a culpa

na linda gatinha
que, distraída,
lambia a patinha.

PARLENDA.

CUBRA O TRACEJADO E CONTINUE ESCREVENDO A FAMÍLIA DO *lh*.

lha   lhe   lhi   lho   lhu

COPIE AS PALAVRAS DA PARLENDA ESCRITAS COM:

nh	lh

r	rr
r	rr

urubu
URUBU

carro
CARRO

LEIA A PARLENDA E CIRCULE AS PALAVRAS ESCRITAS COM r

Quem foi a Portugal
perdeu o lugar.
Quem foi a Cotia
perdeu a tia.
Quem foi a Pirapora
chegou agora.

PARLENDA.

CIRCULE DE **AZUL** AS PALAVRAS ESCRITAS COM rr E DE **VERMELHO** AS COM r

A) Fui de carro à Piracicaba.
B) Aurora confunde urubu com peru.
C) Bernardo ficou com dor de barriga.

ESCOLHA UMA DAS FRASES ACIMA E ILUSTRE-A.

s	ss
s	ss

sabiá pássaro
SABIÁ PÁSSARO

LEIA O TRAVA-LÍNGUA E CIRCULE AS PALAVRAS ESCRITAS COM s - ss

Sabia que o sabiá sabia assobiar?

TRAVA-LÍNGUA.

CUBRA OS TRACEJADOS. DEPOIS, CIRCULE DE **VERDE** AS PALAVRAS ESCRITAS COM s E DE **VERMELHO** AS COM ss

a) Vanessa está com tosse.
b) Alessandra brinca com massinha.
c) Recebi uma mensagem no celular.

CIRCULE AS LETRAS NECESSÁRIAS PARA FORMAR CADA PALAVRA.

MOSCA

VESTIDO

ça	ço	çu
ça	ço	çu

palhaço
PALHAÇO

CUBRA O TRACEJADO E CONTINUE ESCREVENDO A FAMÍLIA DO ç.

ça ço çu

DESEMBARALHE AS LETRAS E FORME PALAVRAS. DEPOIS, LIGUE-AS ÀS PARTES DO CORPO DA MENINA.

| ça | ca | be |

_____

| pes | ço | co |

_____

| ço | bra |

_____

COMPLETE AS PALAVRAS COM ça, ço OU çu.

palha____    ta____    cupua____

| ã | ão |
| ã | ão |

maçã
MAÇÃ

mamão
MAMÃO

CUBRA O TRACEJADO E CONTINUE ESCREVENDO ã E ão.

ã

ão

COMPLETE COM ã OU ão.

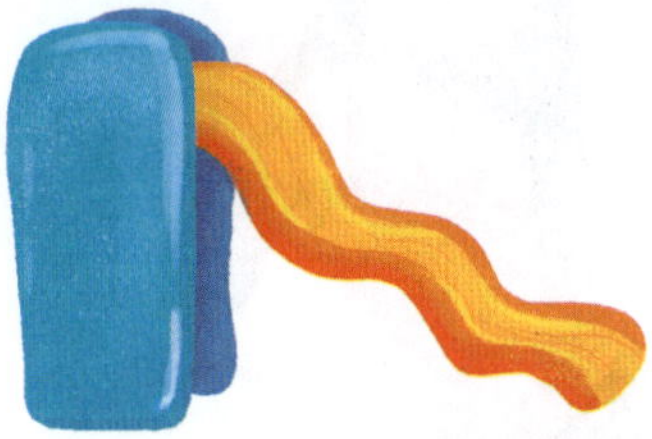

tobog____

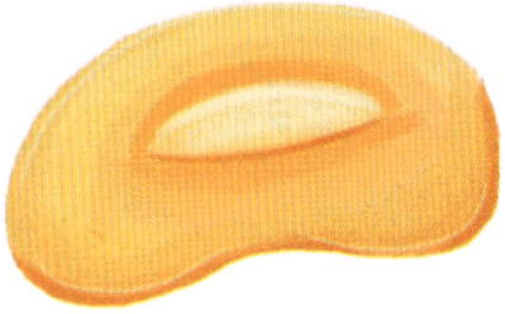

p____

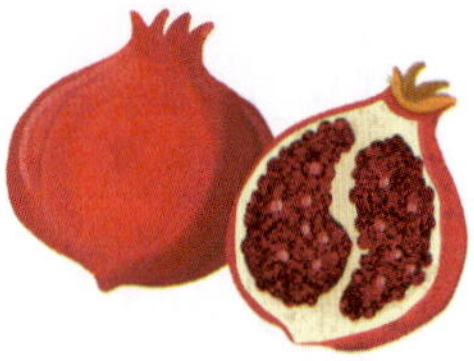

rom____

camale____

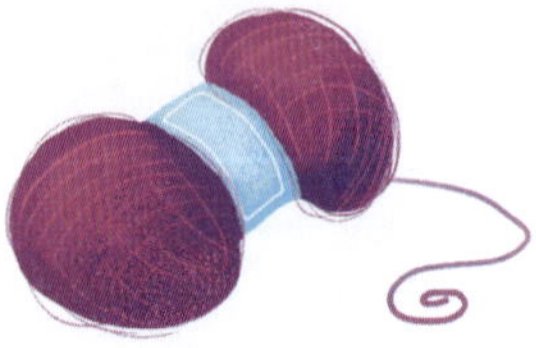

l____

lim____

CUBRA O TRACEJADO DOS NOMES.

Miriã   João   Sebastião

ESCOLHA UMA PALAVRA DA SEGUNDA ATIVIDADE E UM NOME DA ATIVIDADE ANTERIOR E INVENTE UMA FRASE.

BRINCANDO COM TIRINHA

LEIA A TIRINHA E PINTE AS LETRAS DE ACORDO COM A LEGENDA.

nh 🟥   lh 🟨   ch 🟩   ss 🟦   ç 🟪

COMPLETE O NOME DAS HISTÓRIAS INFANTIS QUE AS MÃES ESTÃO CONTANDO PARA AS CRIANÇAS.

Os três _____

_____ Vermelho

O QUE ACONTECEU EM CADA HISTÓRIA? COMPLETE AS FRASES COM AS PALAVRAS DO QUADRO.

| palha | vovozinha |

A) O porquinho fez uma casa de _____.
B) Chapeuzinho visitou sua _____.

DESTAQUE AS PEÇAS DA PÁGINA 207 E COLE-AS AQUI PARA DESCOBRIR UMA HISTÓRIA.

VOCÊ CONHECE ESSA HISTÓRIA? ESCREVA O NOME DELA.

_____

ESCOLHA ALGUNS LIVROS DE CONTOS DE FADAS E FAÇA UMA LISTA DOS PERSONAGENS DE QUE VOCÊ MAIS GOSTA.

_____   _____
_____   _____
_____   _____

ESCOLHA UM DOS PERSONAGENS DA LISTA ACIMA E FORME UMA FRASE DIVERTIDA COM ELE.

_____
_____

OBSERVE A CAPA DESTE LIVRO E COPIE O NOME DO ANIMAL.

_____

CIRCULE AS PALAVRAS QUE FORMAM O NOME DESSE ANIMAL.

cama    cão    leão

JUNTE AS PALAVRAS E LIGUE-AS ÀS IMAGENS.

pá + rede

cana + rio

sol + dado

bar + alho

ESCREVA ABAIXO AS PALAVRAS FORMADAS.

_____   _____

_____   _____

COMPLETE A LISTA DE INGREDIENTES DA RECEITA COM AS PALAVRAS DO QUADRO.

| farinha | margarina | açúcar | colher |

Bolacha simples

2 xícaras de _____ de trigo

1 xícara de _____

2 colheres de _____

1 🥄 _____ de fermento

2 ovos

OBSERVE AS PALAVRAS A SEGUIR. VOCÊ CONSEGUE ENCONTRAR DUAS PALAVRAS EM CADA UMA?

bolacha → _____ + _____

maçaneta → _____ + _____

secador → _____ + _____

ENCARTES DE ADESIVOS

PÁGINA 11

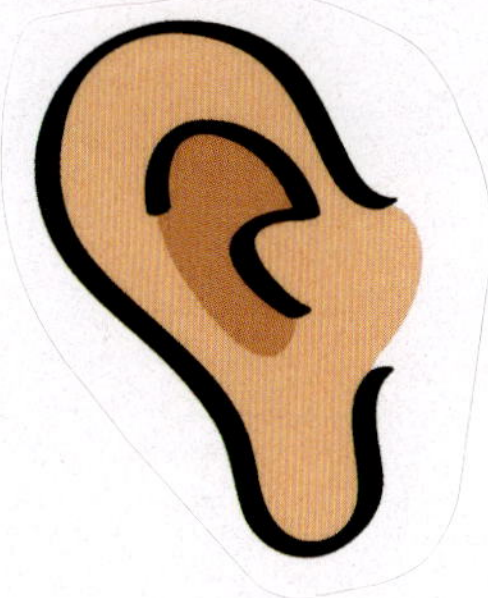

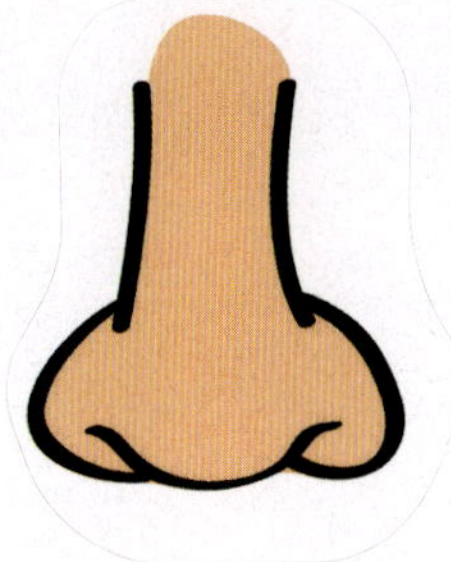

PÁGINA 40

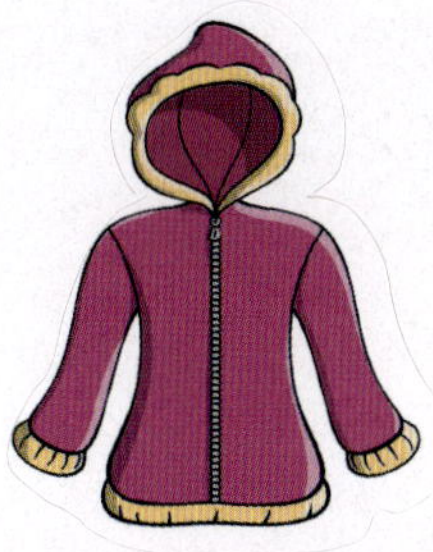

PÁGINA 53

imperador

jornal

lancheira

PÁGINA 62

PÁGINA 98

195

PÁGINA 117

fita

camelo

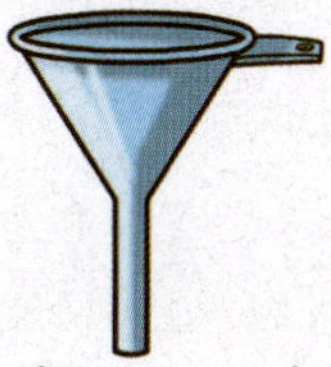

funil

fogueira

fanfarra

ferro

PÁGINA 151

PÁGINA 171

PÁGINA 175

PÁGINA 79

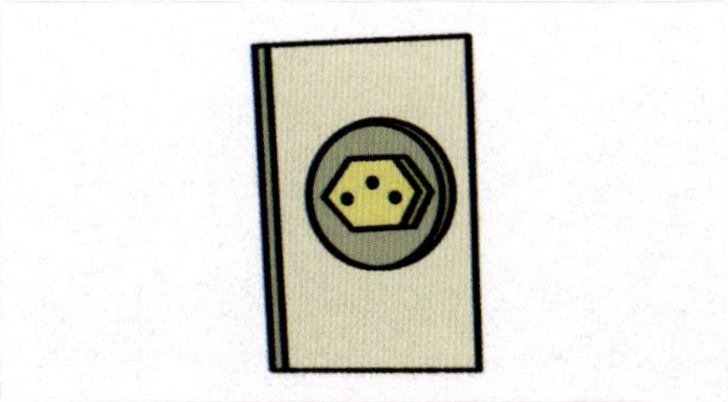

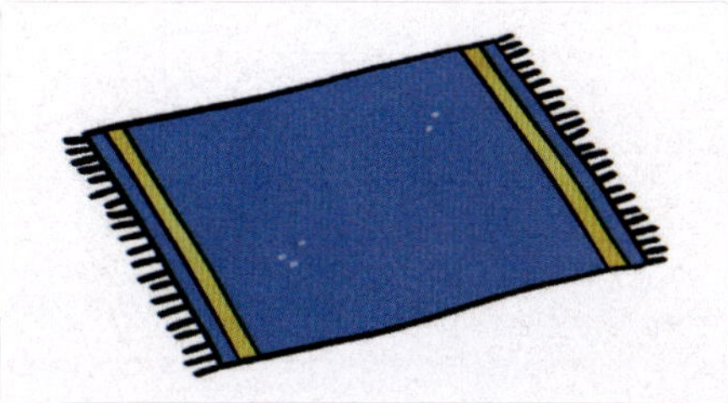

ENCARTES DE PICOTES

PÁGINA 14

PÁGINA 46

PÁGINA 50

PÁGINA 74

PÁGINA 124

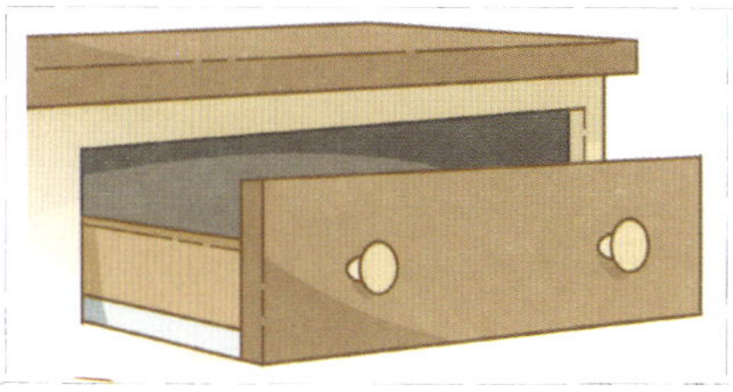

PÁGINA 144

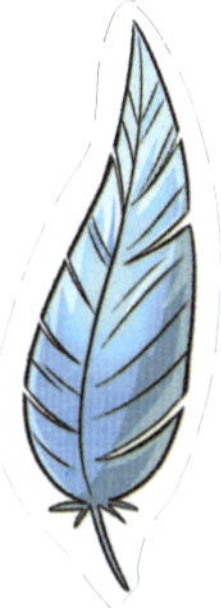

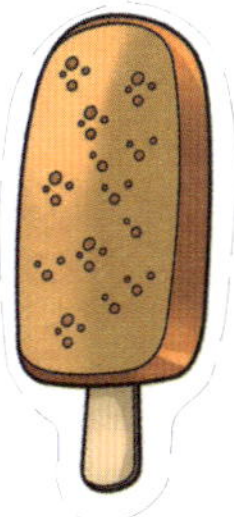

PÁGINA 178

um    vi    Eu    cachorro.

PÁGINA 179

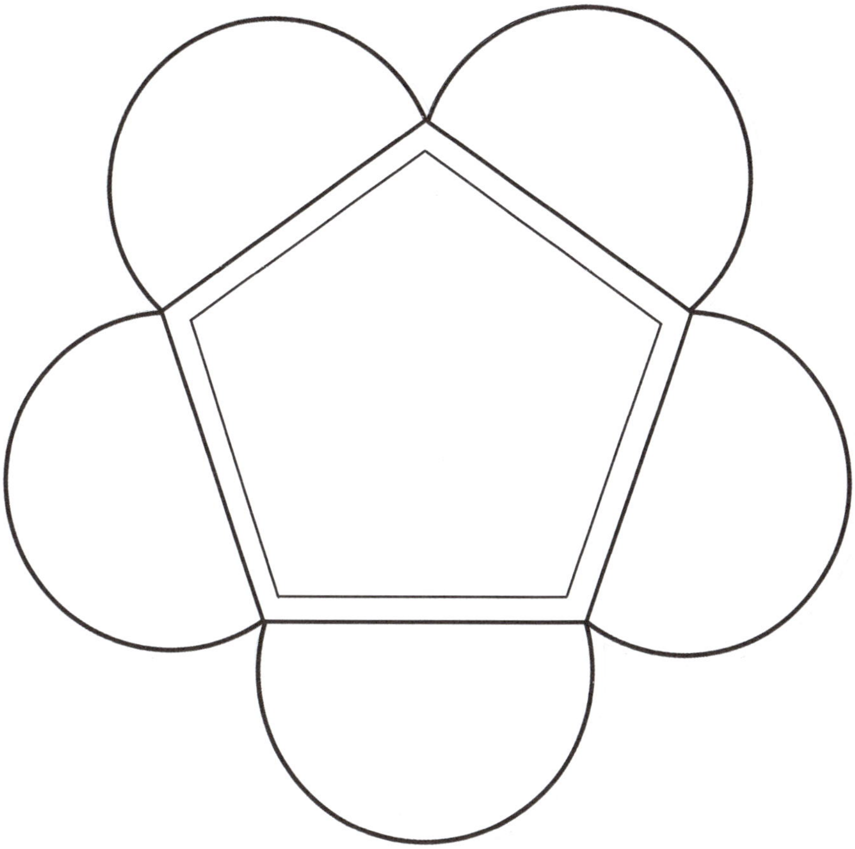

PÁGINA 190